A Guide to Public Finance

入門
財政学［第3版］

林　宏昭・玉岡雅之
桑原美香・石田和之　著

中央経済社

第３版へのはしがき

本書の初版は2008年であるから，すでに13年が経過したことになる。少子高齢化が叫ばれる中で，65歳以上の高齢者比率は2005年の20.2％から2020年には28.6％（2018年推計）に上昇し，30％を目前にしている。一方，2008年当時の消費税率は地方消費税を加えて５％であったが，2014年には８％，そして2019年には10％に引き上げられてきた。社会保障をはじめとした政府に求められる財政需要は拡大し，負担も増加するが，この間財政状況の悪化には歯止めがかかっていない。

本書は，財政の基本的な機能と日本の制度的な枠組みを理解するための教科書である。政府が財政を通じてどのような政策を展開する必要があるかについては，社会経済の構造やそれを取り巻く環境によって変化する。そして政策判断については様々な意見があり，百対ゼロになることはない。だからこそ，財政の基本的な論理を理解しておく重要性は増す。

今回の改訂は，第２版以降の財政制度の変更と財政に関する様々なデータの更新を考慮しながら行ったが，その作業時期は世界的な新型コロナ感染症との闘いと重なった。コロナ対策のために各国ともに財政的には大きなダメージを受け，将来的にはその対処が課題となるが，その議論のためにも財政の基本的な理解は重要である。

なお，第３版の刊行にあたって，関西大学石田和之教授にこの企画への参画をお願いし，地方財政論における中心的なテーマである地方税制について独立した章（第13章）を執筆していただいた。

2021年５月

著　　者

はしがき

自らが手に入れたいものの購入には一定の代金を支払う，というように一般的な消費行動では，支払いとそこから得ることのできる満足度とは１対１の関係がある。そして，その支払いは自らの意思によるものであり，誰からも強制されることはない。

これに対して税は，自らも含めた社会全体の利益をもたらすために支払うものとされており，正当な理由なく支払うべき税を支払わなければ罰せられる。

このような税を徴収し，さまざまな領域での支出を行っているのが政府であり，その一連の経済活動を財政という。財政学，つまり財政を学ぶことは，「なぜ，政府が必要であるのか」「なぜ，税を支払わなければならないのか」「どのような税が望ましいのか」といったさまざまな疑問に対する答えを模索することである。

政府の経済活動である財政は，民間の経済活動だけでは解決することができない問題に対応するために存在する。その問題の中身はどのようなものであり，どのような処方せんを用意することができるのであろうか。公共部門が一国の経済で果たすべき役割はなにか，民間部門の経済活動にどのように関わっていくのかということも財政学の重要なテーマである。

現代では，社会の多様化と複雑化が増す中で，公共部門への期待は大きくなっているが，これらの問いかけは，日本は大きな政府を目指すのか小さな政府を目指すのかにも結びつく。

一方，21世紀を迎えたわが国の財政は，先進国ではかつて見られたことのない水準に達している政府債務や進行する人口の高齢化への対応など多くの課題を抱えている。1990年頃のバブル経済とバブル崩壊後の長期に渡る経済の低迷を受けて，さまざまな分野で構造改革の必要性が主張された。財政運営のあり方も大きなテーマであったが，財政と税制の基本的な考え方を学ぶことで，これまで交わされてきた議論についての理解や評価も可能になる。

財政学は経済学の一分野であるが，実際の財政運営においては行政や政治とも密接に関わっている。同時に現実の財政を規定し動かしているのはさまざまな制度である。

しかし，「現行制度のどこに問題があるのか」「修正すべき方向とは」を考えるためには，一定の経済学的思考に基づく論理展開が必要である。経済学や財政学の初学者でも取りかかってもらえるように，本書の記述範囲は基本的なものになっているが，これらの課題について議論を交わす上で必要と考えられる内容は含んでいる。

また本書では，必ずしも直面する問題への解答を示すという形は取らず，どのように財政問題を考えていけばよいかが分かるように順を追って説明したつもりである。

本書は執筆者３名の共同作業であるが，一応の分担を示しておくと以下の通りである。第１，３，４，８，10，12章は林が，第６，７，９，11章は玉岡が，そして第２，５章は桑原が担当した。各章は，それぞれができるだけ平易な記述に心がけた。

また全体の構成は，近年，大学での講義が半期２単位の形式が主流になっていることを考慮して，前半は財政の役割を中心とした財政の概要，後半は税を中心とした内容になっている。とりわけ税の問題は重要で，これからもますます重要になると考えられることから，類書よりも紙幅を多く割き，現在の租税原則に３つの章をあてている。

本書が，財政に興味を持つ人にはもっと深い学習へと誘い，はじめて目にする人には財政に興味を持つきっかけにしてもらえれば，著者たちには望外の喜びである。本書の企画から出版まで，中央経済社編集部の納見伸之氏には大変お世話になった。ここに記して謝意を表すものである。

2008年３月

著　　者

目　次

第8章　中立性——租税原則(2)　133

第1章 日本の財政の現状

予算を通じた政府の経済活動を財政という。財政は，市場での決定を基本とする経済の中でも非常に大きな役割を果たしている。本章では，経済活動の中で政府はどのように関わっているのかを示すとともに，次章以降で取り上げる財政の役割のアウトラインを述べる。また多額の政府債務の累積など，日本の財政の現状について概観する。

1.1 民間経済と公共経済

● 民間部門と公共部門

現在，ほぼ全ての先進国では資本主義体制の経済を基本としている。言うまでもなく，資本主義経済では，取引される財・サービスの種類，その取引量や価格が市場において決定されることで最も望ましい効率的な結果が得られる。つまり，企業は生産活動から得られる利潤を最大化するように，そして家計はその満足度（効用）を最大化するように経済活動を行うことで，社会全体の厚生水準は最大になるということである。

しかし，現実の世界では，各国ごとに規模の違いはあっても政府の経済活動が存在する。ここで言う政府とは，たとえばニュースで「政府見解では……」というように用いられる内閣や行政府だけの狭い意味での政府ではなく，広く公共部門を意味している。

市場経済における中心は家計と企業からなる民間部門であるが，今日の社会においては公共部門である政府の経済活動は非常に重要な割合を占めるようになっている。公共部門には国と地方（日本では都道府県や市町村）があり，広義には年金等の社会保障基金も含まれる。また最近では，公共部門と民間部門が共同で運営する第３セクターの活動も存在し，公共部門が関わる領域は量的にも質的にも拡大してきた。

経済循環の中の政府

民間の経済においては，企業は資本や労働力といった生産要素をその市場で購入して財・サービスを生産する。一方，家計は利子や賃金等の所得で財・サービスを購入して消費する。これを示したのが**図１－１**である。

政府は，生産要素の市場，財・サービス市場からそれぞれ公共サービス

図１－１　民間経済の循環

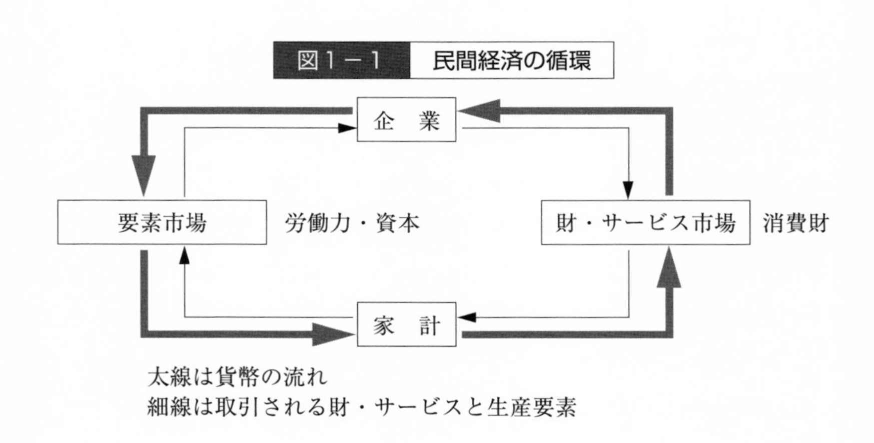

図１－２　経済循環と政府

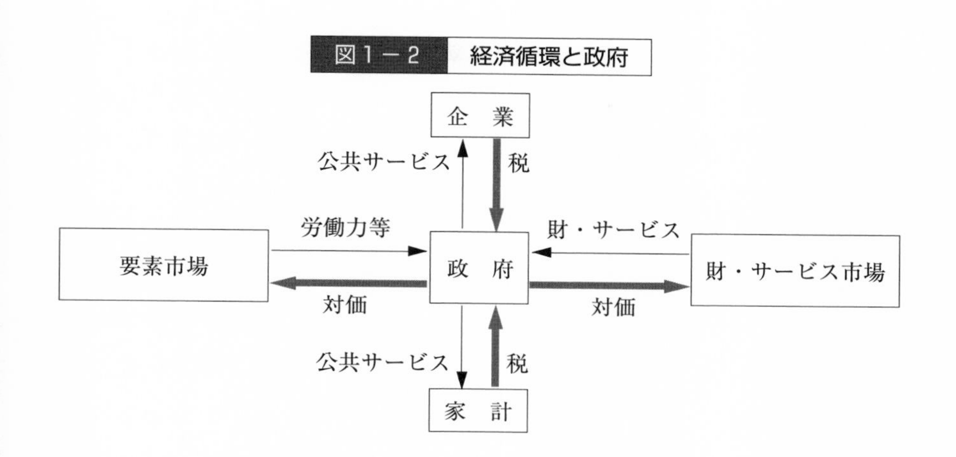

を提供するために必要なものを購入する。たとえば公務員は労働力市場で，公園の整備に必要なブランコやすべり台は財市場で調達することになる。

この状況を示したのが**図１－２**である。政府が市場で労働力や財・サービスを購入する量が拡大すれば，その財源として必要となる税収も大きくなる。その規模を決定するのは政治過程であり，“大きな政府”になるのか“小さな政府”になるかは，国民（住民）がどれだけの範囲を政府の役割として期待するかにかかっている。

財政が必要な理由

経済学の祖であるアダム・スミスは，個人や企業が自らの欲求，つまり効用や利潤を追求することが社会全体にとってプラスの効果をもたらすと言った。つまり，市場で決定される取引の結果が最も望ましいということであり，この市場の働きを「神の見えざる手」と呼んだ。

アダム・スミスが提唱した政府は国防や治安維持だけを行う「夜警国家」であり，市場での経済活動に対してはできるだけ介入しない「放任主義」が望ましいとした。今日でも，国防や外交，防犯，消防，といった社会の治安を守ることだけでなく，治山や治水も，安全な市民生活にとって必要である。さらに，市場での経済は，情報が売り手のみに集中したり，一種の弱肉強食の世界であることから独占状況が生まれる可能性がある。完全競争が達成されなければ，広く投資家や消費者の利益にとってはマイナスであり，政府は市場を有効に機能させるためのルール作りもしなければならない。

治安の確保や社会のルール作りは家計や企業といった経済主体の個別の動きでは達成されないが，だからと言って放置しておくと社会全体にとってマイナスになる。したがって，政府は市場における民間での活動を通じては供給されないが，社会にとって必要である活動を公共財（サービス）として提供しなければならない。

社会が豊かになり，生活が高度化するにつれて，政府が提供すべき公共財の範囲は拡大する。この公共財の供給が政府による経済活動，つまり財政が必要となる第一の理由である（第２章)。

現在の社会で政府が必要とされる第二の理由が分配面への介入である。

資本主義経済は競争の結果として果実（所得や富）の分配に大きな不平等を引き起こす。能力や努力に関わりなく分配される果実が同じであれば，自発的に，できる限り実力を発揮し経済活力を高めようとは誰も考えないだろう。したがって，経済運営上，競争や成果主義が必要であるのは当然のことであるが，これは同時に所得を獲得する手段を持たない人は生活の糧を得ることができない状況に陥るということでもある。近代社会では，このような事態が生じないよう，社会的なセーフティネットとして公的扶助のシステムを構築している。日本では生活保護制度がこれに当たる。

もう１つ，資本主義経済のもとで生じる可能性のある分配上の問題がある。それは，分配状況における過度の不平等の発生である。

不平等の拡大は犯罪さえも引き起こしかねない社会の不安定を生じさせる可能性もある。また，富の集中が遺産という形で次世代に引き継がれていくと，個人の能力や努力が意味のないものとなってしまい，社会全体の活力を減退させる可能性も生じる。所得分配の過度の不平等から生じる社会的に見たマイナス面を抑制するために，政府は所得再分配策を講じることが求められるのである（第３章）。

政府の経済活動に求められる第三の役割は，景気変動への対応である。市場で取引される財・サービスの流れは常に安定したものであるわけではなく，社会全体で見れば生産能力と需要の大きさが一致しない状況も生じる。供給能力の方が需要を上回っていれば失業が生じており（不況），逆であれば物価の上昇（インフレ）が発生する。政府は，政府支出と税制を用いて社会全体の需要を操作し，景気変動の幅を縮小することが求められるのである（第４章）。

このような市場を通じた経済活動だけでは対応が困難な問題が生じることを，“市場の失敗”という。経済社会の複雑化，多様化とともに市場のみで解決することが難しい現象は増加してきている。近年では環境問題もその１つであり，一国の枠組みを超えた国際的な政府の取り組みが必要になっている。

1.2　日本の財政構造

財政の規模

表１－１は，日本の財政支出の規模の推移を示したものである。国については一般会計と特別会計の純計額，地方（都道府県と市町村の合計）については，公営企業等の特別会計を除いた普通会計の歳出額を用いており，右の欄は，国と地方の間での資金のやり取りを調整した純計額である。この純計額は，2018年度では169.2兆円で，国内総生産（GDP）に対する比率は30.9%となっている。

表1－1　日本の財政規模

区分（年度）	国内総生産（名目）		歳出										
			国			国から地方に対する支出	地方			地方から国に対する支出	国と地方との純計		
	A	伸び率	B	伸び率	B/A	C	D	伸び率	D/A	E	F=(B-C)+(D-E)	伸び率	F/A
2002	498.0		92.5		18.6	35.0	94.8		19.0	1.5	150.9		30.3
2003	501.9	0.8	88.8	△4.0	17.7	32.9	92.6	△2.4	18.4	1.3	147.2	△2.5	29.3
2004	502.8	0.2	91.6	3.2	18.2	31.7	91.2	△1.4	18.1	1.3	149.8	1.8	29.8
2005	505.3	0.5	93.4	2.0	18.5	32.2	90.7	△0.6	17.9	1.3	150.6	0.5	29.8
2006	509.1	0.7	90.9	△2.7	17.9	31.1	89.2	△1.6	17.5	1.3	147.8	△1.9	29.0
2007	513.0	0.8	87.9	△3.3	17.1	26.6	89.1	△0.1	17.4	1.3	149.2	1.0	29.1
2008	509.5	△ 0.7	90.3	2.7	17.7	28.3	89.7	0.6	17.6	1.2	150.5	0.8	29.5
2009	492.0	△ 3.4	105.7	17.1	21.5	34.4	96.1	7.2	19.5	1.3	166.1	10.4	33.8
2010	499.4	1.5	100.1	△5.3	20.0	34.0	94.8	△1.4	19.0	0.9	160.1	△3.6	32.1
2011	494.0	△ 1.1	105.8	5.7	21.4	37.3	97.0	2.4	19.6	0.8	164.7	2.9	33.3
2012	494.4	0.1	104.5	△1.3	21.1	36.2	96.4	△0.6	19.5	0.9	163.8	△0.6	33.1
2013	507.3	2.6	105.9	1.3	20.9	0.0	97.4	1.0	19.2	0.8	165.8	1.2	32.7
2014	518.2	2.2	106.0	0.1	20.5	0.0	98.5	1.1	19.0	0.7	167.8	1.3	32.4
2015	532.8	2.8	106.1	0.1	19.9	0.0	98.4	△0.1	18.5	0.7	168.3	0.3	31.6
2016	536.9	0.8	106.4	0.3	19.8	0.0	98.1	△0.3	18.3	0.8	168.4	0.0	31.4
2017	547.6	2.0	105.8	△0.6	19.3	0.0	98.0	△0.1	17.9	0.7	168.2	△0.1	30.7
2018	548.4	0.1	106.2	0.4	19.4	0.0	98.0	0.0	17.9	0.7	169.2	0.6	30.9

備考）1　国内総生産（支出側）は，内閣府経済社会総合研究所の「国民経済計算（93SNA）」による。

2　国の歳出額は，2018年度については，一般会計と交付税及び譲与税配付金特別会計，エネルギー対策特別会計，年金特別会計（子ども・子育て支援勘定のみ），食料安定供給特別会計（国営土地改良事業勘定のみ），自動車安全特別会計（空港整備勘定のみ），東日本大震災復興特別会計の6特別会計との純計決算額であり，2017年度以前においても，一般会計とこれらの特別会計に相当する特別会計がある場合には，それらの特別会計との純計決算額である。

3　「国から地方に対する支出」は，地方交付税（地方分与税，地方財政平衡交付金，臨時地方特例交付金及び特別事業債償還交付金等を含む。），地方特例交付金等，地方譲与税及び国庫支出金（交通安全対策特別交付金，国有提供施設等所在市町村助成交付金及び地方債のうち特定資金公共投資事業債を含む。）の合計額であり，地方の歳入決算額によっている。

4　「地方から国に対する支出」は，地方財政法第17条の2の規定による地方公共団体の負担金（地方の歳出決算額中，国直轄事業負担金に係る国への現金納付額及び国に対する交付公債の元利償還額の合計額）である。

5　決算額からは，特定資金公共投資事業債償還時補助金及び同補助金と相殺された償還金を除いている。

資料）『地方財政統計年報』（平成30年度）。

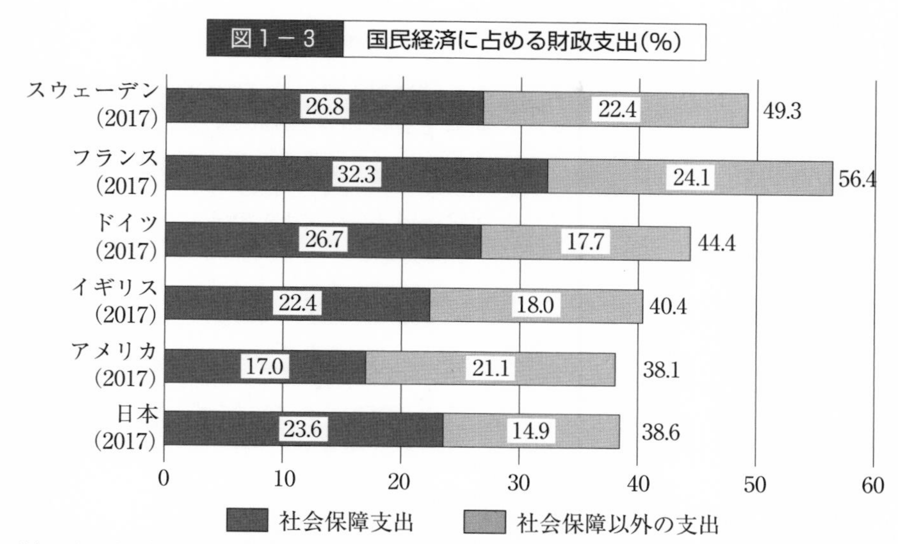

注）一般政府（中央政府，地方政府，社会保障基金を合わせたもの）ベース。
資料）財務省『日本の財政関係資料（令和2年7月）』(https://www.mof.go.jp/budget/fiscal_condition/related_data/202007.html)。

1990年代を通じて，財政支出は拡大し，国，地方ともに2000年頃にピークに達する。

2000年代に入り，国内総生産の拡大は鈍化し，対前年度マイナスの年もある中で，財政支出も抑制され，対GDP比は30%程度で推移する。そして民主党政権に移行後の2009年度には国と地方の歳出純計額は対前年度で約15兆円増加し，対GDP比も33.8%に上昇する。その後，財政支出は160兆円台で推移しており，対GDP比は30%に近い水準にまで下がっている。

図1－3は，財務省ホームページに記載されたデータから財政支出のGDPに対する比率の国際比較を行ったものである。

この図では，財政支出が社会保障支出とそれ以外の支出に区分して示されている。2000年代に入り，高福祉高負担で知られるスウェーデンでは財政支出の削減もあって比率は低下するが一方でフランスでは2017年には

56.4%に達し，特に社会保障支出の比率が高くなっている。日本とアメリカでは38%台でヨーロッパ諸国に比べれば低い水準と言える。

この図にあげた国は，いずれも資本主義経済を基本とする経済体制をもつ国であるが，公務員の数，社会保障システムの違いなどさまざまな要因によって財政が国民経済に占める割合には大きな開きが生じている。

● 国民負担

財政運営を支える財源の中心は税である。今日では社会保障の分野で保険システム（年金や医療）が取り入れられているケースが多く，税と社会保障負担を合わせて国民負担という。**図１－４**は先進諸国においてこの国民負担がGDPに対してどれだけの比率を占めているかを示したものである。2017年度の日本は31.7%でアメリカに次いで低く，フランスとドイツでは40%台である。日本は近年少しずつ上昇傾向にあるが，その主な要因は社会保障負担の増加である。

ヨーロッパで長く福祉国家として知られるスウェーデンは近年の財政改革の結果，国民経済に占める財政規模は抑制傾向にあり，国民負担の対GDP比も低下してきている。一方，ヨーロッパではフランスとドイツの国民負担が上昇し，スウェーデンを上回る比率になっている。イギリスはこれらの国と比較すると低い水準であるが，ヨーロッパ諸国は相対的に高負担の大きな政府と言える。日本も近年，しだいにヨーロッパの水準に近づいている。

なお，一般に「国民負担率」と言う場合には，分母にGDPから減価償却等を差し引いた国民所得をとって求めた比率であり，対GDP比よりも10%程度高い水準になる。

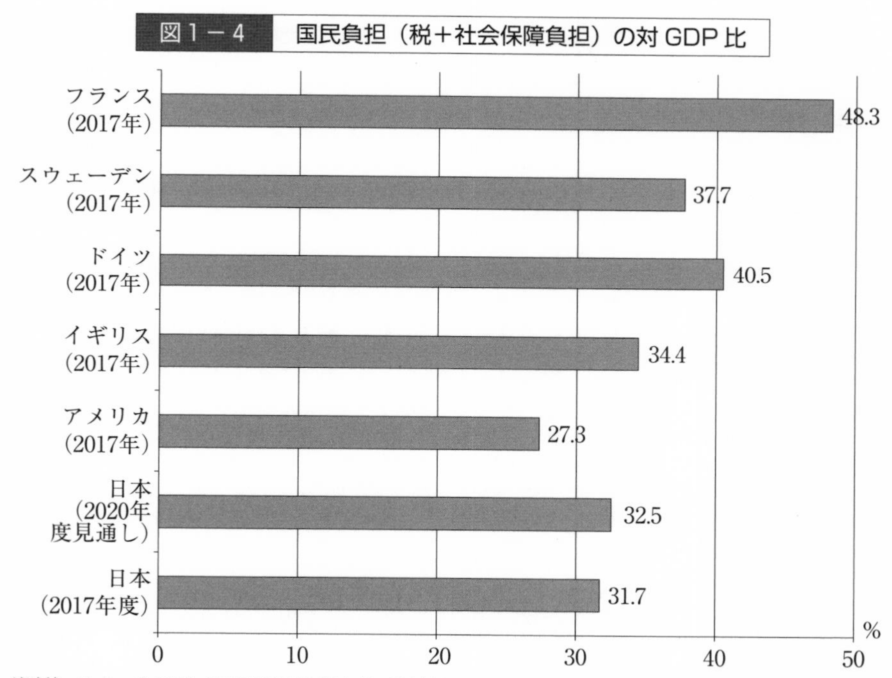

資料）日本：内閣府「国民経済計算」等　諸外国：National Accounts（OECD），Revenue Statistics（OECD），NIPA（米商務省経済分析局）。
出所）財務省『財政関係基礎データ（令和２年４月）』（https://www.mof.go.jp/budget/fiscal_condition/basic_data/202004/sy202004m.pdf）。

財政収支の赤字と政府債務の拡大

表１－２は，先進各国における一般政府（中央政府，地方政府，社会保障基金の合計）の税などの経常的な歳入と歳出の差額を見た財政収支の推移を示したものである。日本は，1990年頃のバブル経済の時期にこの収支はプラスになっていたものの，バブル崩壊後は一貫してマイナスが続いている。財政収支がマイナスを示すのは各国共通した傾向とも言えるが，日本の場合はその赤字幅が大きいことが特徴である。

表１－２　一般政府の財政収支

単位：％

(暦年)	2007	2008	2009	2010	2011	2012	2013	2014	2015	2016	2017	2018	2019	2020
日　本	▲2.6	▲3.6	▲8.7	▲8.1	▲8.3	▲7.6	▲7.2	▲5.7	▲4.5	▲4.7	▲3.9	▲3.2	▲3.3	▲12.1
アメリカ	▲5.4	▲8.7	▲14.1	▲13.0	▲11.6	▲9.7	▲6.2	▲5.5	▲4.8	▲5.6	▲4.5	▲6.5	▲7.3	▲15.0
イギリス	▲2.7	▲5.2	▲10.4	▲9.3	▲7.4	▲8.1	▲5.5	▲5.5	▲4.5	▲3.2	▲2.4	▲2.2	▲2.1	▲12.4
ド イ ツ	0.3	▲0.1	▲3.2	▲4.4	▲0.9	0.0	0.0	0.6	0.9	1.2	1.2	1.9	1.4	▲7.1
フランス	▲2.6	▲3.3	▲7.2	▲6.9	▲5.2	▲5.0	▲4.1	▲3.9	▲3.6	▲3.6	▲2.9	▲2.3	▲3.0	▲10.4
イタリア	▲1.3	▲2.6	▲5.1	▲4.2	▲3.6	▲2.9	▲2.9	▲3.0	▲2.6	▲2.4	▲2.4	▲2.2	▲1.6	▲11.2
カ ナ ダ	1.8	0.2	▲3.9	▲4.7	▲3.3	▲2.5	▲1.5	0.2	▲0.1	▲0.5	▲0.1	▲0.4	▲0.3	▲7.5

注１）数値は一般政府（中央政府，地方政府，社会保障基金を合わせたもの）ベース。ただし，日本及び米国は社会保障基金を除いた値。
注２）日本は2019年から，それ以外の国々は2020年からが推計値。
資料）OECD "Economic Outlook 107"（2020年６月）（シングルヒットシナリオ）。
出所）『日本の財政関係資料（令和２年７月）』（https://www.mof.go.jp/budget/fiscal_condition/related_data/202007.html）。

財政収支がマイナスになっている時，収入と支出のギャップを補っているのが国債や地方債といった公債発行による借入れである。日本の法律では，国も地方も，経常的な財政赤字を賄うための公債発行は認められていないにもかかわらず，近年特例的な赤字公債も拡大してきている。

図１－５は1990年代からの国・地方の長期債務残高の増加を示したものである。2020年度末（予算）の残高は1,100兆円を超え，対 GDP 比は200％に達する。他の先進諸国でも2010年代に公的債務の対 GDP 比が上昇傾向にあるものの，日本の財政運営にとって拡大した債務への対応は大きな課題である。

財政収支の分析において近年注目を集めているものに，“プライマリーバランス”という指標がある。これは，政府の歳入から公債（国債・地方債）による収入を引いた額と，歳出から公債の利払い費および償還費を差し引いた額の差を求めたものである。

このプライマリーバランスが均衡しているとき，公債の残高がどのよう

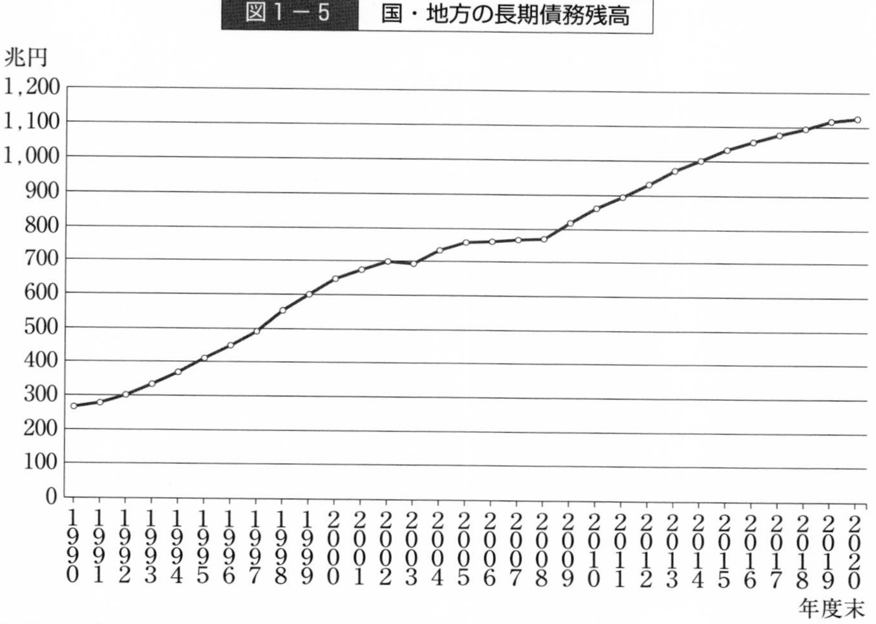

図1－5　国・地方の長期債務残高

備考）2019年度は補正予算，2020年度は当初予算。
資料）財務省『財政関係基礎データ（令和2年4月）』(https://www.mof.go.jp/budget/fiscal_condition/basic_data/202004/sy202004h.pdf)。

に推移するかは，公債の利払いに適用される利子率と経済成長率（名目GDPの伸び率）との関係に依存する。公債利子率と経済成長率がいずれもゼロであれば，公債発行額はその年に償還が必要な額と等しくなり，公債残高は金額でも対GDP比ベースでも一定の水準で推移する。

一方，利子率がプラスであれば，公債の発行額は償還額と［公債残高×利子率］の合計になる。その結果，公債残高は利払い額ずつ，言い換えると利子率と同じ比率で増加することになる。この時，経済成長率が利子率と等しければ，公債残高の対GDP比は一定で推移することになる。つまり，経済成長率＞利子率であれば，公債の利払いがあっても，公債残高の対GDP比は低下するということである。逆に，利子率＞経済成長率のときには，プライマリーバランスがゼロであっても公債残高の対 GDP 比は上昇することになる。

2020年度一般会計の当初予算では，プライマリーバランスはマイナス9.2兆円と見込まれていたが，新型コロナ対応の支出が織り込まれた第２次補正後はマイナス66.1兆円にまで赤字が拡大している。2015年度の計画において2020年度のプライマリーバランスの黒字化が目標として掲げられたが，コロナ対応で拡大を余儀なくされた政府債務の処理も含めて，財政健全化目標の再検討が必要となっている。

1.3　日本の予算制度

予算の作成と決算

予算とは，税を中心とする国民から集めた財源を政府の機能を果たすために用いる，政府の経済活動を予(あらかじ)め算出して示すものであり，会計年度（４月１日から翌年３月31日）ごとに策定される。

政府は，会計年度が始まるまでに，予算を編成し国会に提出する。そして，３月31日までにこの本予算が国会の議決が得られない場合には，本予算成立までの短期間だけを対象にした暫定予算が国会の議決を経て執行される。

このような手順が取られるのは，政府の支出は全て国会の議決を経なければ行うことができないとする“事前決議の原則”にしたがっているからである。また，一般に予算は一会計年度の支出と収入を対応させてその年度の収入をもって支出を賄わなければならないという“単年度主義”が取られている。政府の収入と支出が，それぞれ“歳入”，“歳出”と，年間のという意味を持つ用語で示されるのはこのためである。

会計年度の途中で，大規模な災害や経済情勢の変化への対応が必要とな

表1－3　2020年度一般会計歳出当初予算

区　分	金　額（億円）	構成比（%）
社会保障関係費	358,608	34.9
文教及び科学振興費	55,055	5.4
国債費	233,515	22.7
恩給関係費	1,750	0.2
地方交付税交付金等	158,093	15.4
防衛関係費	53,133	5.2
公共事業関係費	68,571	6.7
経済協力費	5,123	0.5
中小企業対策費	1,753	0.2
エネルギー対策費	9,495	0.9
食料安定供給関係費	9,840	1.0
その他の事項経費	66,645	6.5
予備費	5,000	0.5
合計	1,026,580	100.0

資料）財務省『令和2年度予算』(https://www.mof.go.jp/budget/budger_workflow/budget/fy2020/fy2020.html)。

表1－4　2020年度一般会計歳入当初予算

区　分	金　額（億円）	構成比（%）
租税及印紙収入	635,130	61.9
公債金	325,562	31.7
うち特例公債金	254,462	24.8
その他収入	65,888	6.4
計	1,026,580	124.8

資料）財務省『令和2年度予算』(https://www.mof.go.jp/budget/budger_workflow/budget/fy2020/fy2020.html)。

る場合，また政策変更にともなって当初の予算のままではその実施が難しい場合には，国会の議決を経て補正予算が組まれる。

会計年度が終了すると，財務大臣は各省庁から出された決算報告書に基づいて決算を作成する。そしてこの決算は国会に提出され，審議されることになる。一般的には，事後的な決算よりも事前に作成される予算の方が注目度は高い。政治レベルでは，政府の政策を具体化するものが予算であり，国会での審議も決算よりも重点的に行われることからマスコミ等でも取り上げられることが多い。近年は，行政評価や事業評価に対する関心も高まっており，事後的な決算にも，もっと焦点をあてていく必要があろう。

なお，**表１－３**と**１－４**は2020年度の一般会計当初予算における歳出と歳入の状況を示したものである。歳出のうち35％が社会保障関係費で国債費が22％を占めている。そして歳入は30％以上を公債発行に依存し，また公債のうち３分の２は特例（赤字）公債となっていることが分かる。

一般会計，特別会計，政府関係機関

伝統的に予算は，さまざまな行政経費を一括して計上し，それに対応する全ての収入を示すものである。個別の収入が個別の支出に対応しないという意味で“目的非拘束（ノン・アフェクタシオン）の原則”と言われるものである。

国を家計にたとえると財布に相当するのが会計であるが，実際には国，地方ともに財布は１つではなく，いくつか持っている。その中心は上記の一般会計であり，政府（各省庁）の基本的な政策経費はここに計上される。

政府は，この一般会計以外に特別会計を設置することができる。言わば別の財布である。国や地方が特定の事業収入を得て，その収入は一般的な行政経費ではなく当該事業に充当する必要があるような場合には，特別会計を設置して使途の限定されない税等とは区別して管理する必要が生じる。また融資事業や基金の管理など複数の年度をまたいだ管理が必要で，一般的な収入と支出とは区分することが適当な分野について特別会計を設けている。

2020年度予算では，特別会計は13会計設けられている。近年は，事業の民営化や国立大学，病院，研究所等の機関の独立行政法人化等が進んだことから，特別会計の数は減少してきている。2020年度の特別会計の歳出総額は392兆円と大きな規模になっている。ただし，特別会計間のやりとり（87兆円）と国債の借換え（108兆円）を除いた純計額は197兆円で，その大半は，国債の償還費等（85兆円），年金等の社会保障給付費（72兆円），地方交付税交付金等（20兆円），財政融資資金への繰入れ（12兆円）が占めている。

以上の一般会計，特別会計に加えて，特別の法律によって設立された，政府関係機関と呼ばれる４機関（沖縄振興開発金融公庫，日本政策金融公庫，国際協力銀行，国際協力機構有償資金協力部門）がある。政府関係機関の資本金は全額政府出資であり，その予算については国会の議決が必要とされている。

1.4　日本財政の課題

●　少子化社会の到来と財政運営

財政に限ったことではないが，現在日本で進行中の少子化と人口減は経済全体にマイナスの効果を引き起こす。**図１－６**で示されているように，人口統計上の指標である合計特殊出生率（１人の女性が一生に生む子供の数を示す）は2004年には1.26にまで低下し，その後やや上昇したとはいえ2017年には1.43にとどまっている。人口維持のためには，この値が2.07程度は必要で，人口減少はすでに始まっている。これにともなって人口ピラミッドの構造は次第に高年齢層への偏りが生じるかたちになる。

もちろん，必ずしも日本の経済規模が常に人口１億人以上に見合ったものである必要はなく，個人の生活を維持するためには，GDP は減少しても１人当たりの規模が維持されればよい。また，１人当たりで利用可能な住宅や社会資本といったストックの量は拡大し，生活空間や環境は改善す

図1－6　合計特殊出生率の推移

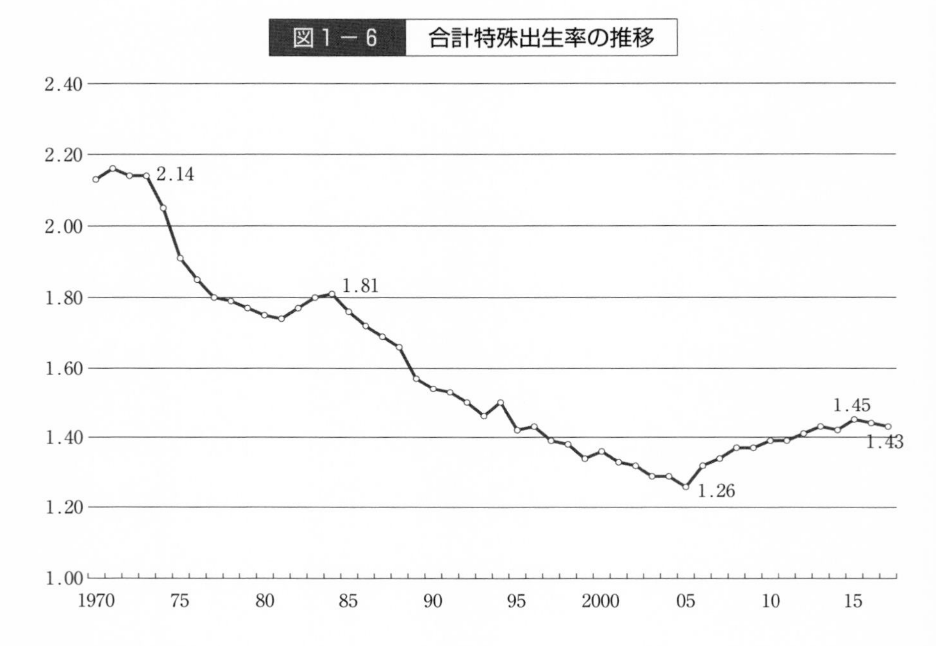

るかもしれない。

しかし，財政運営にとって，少子化とそれと並行して生じる高齢者比率の上昇はさまざまな問題を引き起こす。現在のGDPの2倍に達する政府債務は，経済規模が維持されなければ相対的な重みが大きくなる。将来世代の負担を考慮した財政運営が不可欠で，支出面，税負担等の収入面，両方からの検討は避けて通れない。

また特に高齢者を対象とした社会保障システムはその多くが人口構成が制度創設時のまま維持されることを前提としたものであり，若年層での人口減は制度の維持を困難にする。少子化対策が1つの政策目標になることは言うまでもないが，制度の維持可能性を確実なものにするために必要な方策を講じることも喫緊の課題である。

大きな政府と小さな政府の選択

先に見たように，現在の日本は財政支出の規模でも公的負担の面でも，国際的な比較を行えば決して大きな政府とは言えない。そしてこのような状況下で，特に2000年代の小泉内閣以降，市場重視の“小さな政府”を追求する流れになった。

小さな政府に向けた具体的な動きは，次の３点の内容を持つ。

第一に，政府が直接提供してきたサービスへの民間活動や資金の導入である。具体的には，事業の民間委託や民営化の推進，公共施設建設でのPFI（民間資金を活用した民間主導の建設事業）の導入，また大学や病院の独立行政法人化によって政府が投入する財政資金の削減を図ろうとする動きである。第二は，公共事業の縮小である。日本は従来，欧米諸国と比較してGDPに対する公共事業（公的資本形成）の比率が７～８％と高く推移してきたが，2000年代に入ってからは縮小傾向が続き，2005年度には４％台にまで低下した。地域の生産力を高める効果や，乗数効果が作用して事業費以上のGDPの拡大が生じるという景気浮揚の効果も疑問視され，「無駄な公共事業」と批判されるようになったことがその背景にある。第三に，公共事業にも関わることであるが，地方団体も含めた不正な公共支出や費用がかかりすぎているものを洗い出し，その削減を図るというものである。

これらは全て，過大な財政支出の抑制であり，適正化を目指すものと言うことができる。ここで問題となるのは，適正な財政支出の規模とは何かということである。もともと国際的な比較では大きいとは言えない財政支出の中に，このような過大なものを含んでいるいるわけで，その部分を除くと，日本では公共部門が役割を果たすために必要としていた財政支出はそれほど小さかったということになるのだろうか。

大きな政府か小さな政府かの議論は，本来，政府が果たすべき役割の範囲を拡大するのか縮小するのかについて交わされるべきものである。過大な，あるいは余分な支出を削ることは小さな政府を目指すこととイコールではない。もちろん，経費から無駄を省く効率化の努力を常に進めるべきであることは前提になるが，少子化や格差社会が問題とされる中で，政府に求める役割を現在よりも拡大するのか縮小するかの選択は今日特に重要な検討課題である。

2009年の民主党への政権交代にともない，「コンクリートから人へ」の掛け声のもとで「子ども手当て」や「高校無償化」に代表される新たな施策への取組みがなされた。2009年度の財政支出は対前年度で15兆円拡大し（表１－１），政府債務の増加のペースも同年度以降上昇している（図１－５）。福祉や教育などの政府によるサービスの拡大は，受益者である国民からは歓迎される。しかしながら，政府支出の拡大はその裏付けとなる国民負担の上に成り立つものである。2014年と2019年には安倍政権のもとで,「社会保障と税の一体改革」の一環として消費税率が引き上げられたが,政府規模の議論は常に国民負担の検討と切り離すことはできない。

2020年代に入り，世界的に新型コロナウイルスの感染拡大，いわゆるコロナ禍に見舞われ，経済的に大きな打撃を受けた。日本を含めて各国ともに緊急の財政支出の拡大を展開しており，将来的にはその事後的な対応と処理が必要になる。

EXERCISE

Q　日本財政の特徴を，経済的な数値を示しながら説明しなさい。

Key Word：財政支出の対 GDP 比，国民負担率，財政収支，
長期債務残高，国・地方

第2章 資源配分機能

身の回りの財やサービスには，どのようなものがあるだろうか。それらは，どれくらい供給されているのだろうか。また，どのような主体が供給しているのだろうか。本章では，公共財の特性や，私的財との違いについて学ぶとともに，公共財の必要性，最適な供給水準の決め方や供給量の決め方について整理する。

2.1 公共財の特性

公共財とは何か

本や雑誌を読んだり，調べものをしたりしようとした時，あなたは何処へ行くだろうか？　図書館だろうか？　インターネットカフェだろうか？　スポーツをしようとした時には何処へ行くだろうか？　フィットネスクラブに行くだろうか？　市営プールに行くだろうか？　学校を選ぶ際にも，公立の学校か私立の学校かを選ぶことができる。それらの財・サービスには，どのような違いがあるのだろうか？

公共施設であれば無料で利用できる，あるいは料金が比較的安いというイメージがあるかもしれない。しかし，財政学の世界では，「お金を払うかどうか」や「値段が安いか高いか」ではなく，財の性質によって公共財を定義する。

たとえば，あなたがお金を出してハンバーガーを１個買ってきたならば，あなたはそれを食べることができ，そばにいるＢ君が横から取り上げて食べる権利はない。お金を出して買ってきたあなたにハンバーガーの所有権があるからである。また，買ってきた１個のハンバーガーを消費する（食べる）ことで，あなたのお腹は満たされるかもしれないが，Ｂ君のお腹は満たされない。２人のお腹が満たされるためには，２つのハンバーガーがなくてはならない。これは典型的な私的財（民間財）の例である。

一方，道路の街灯はどうだろうか。たとえば，その街灯をあなたが自費でつけたとすると，街灯によって，あなたは暗かった道路が明るくなったと感じるだろうが，そばにいるＢ君も明るくなったと感じるだろう。この場合，同じ程度の明るさを求めるのであれば，街灯を２つ点けなくてもよい。しかも，Ｂ君にとって道が明るくなったことで，あなたが感じる道の明るさは特段半減するわけではない。だからといって，街灯の設置費用を出してくれなかったＢ君に，街灯の光を浴びさせないようにすることは難しい。むしろ，彼を排除することのほうが，かえって多くの費用がかかってしまうかもしれない。つまり街灯は公共財の一例ということができる。

消費の競合性と排除可能性

このように，私的財と公共財とを大きく分けるには，以下の２つの性質が関係している。つまり，消費の競合性と排除可能性である。

消費の競合性とは，１人が財・サービスを消費することで，もう１人が同じ財・サービスを消費できなくなるかどうかということである。上記のハンバーガーの例では，１人が食べるともう１人は食べられないことを指し，「消費の競合性が有る」と表現する。街灯の例では，１人が明るくなったと感じるが，それにより明るさが半減することなく，もう１人も明るくなったと感じる。この場合，「消費の競合性は無い」と表現する。また排除可能性とは，財・サービスを享受することを排除できるかどうかを指しており，ハンバーガーの例では，お金を出していないＢ君は排除され，ハンバーガーを食べられない。街灯の例では，Ｂ君にだけ街灯の光を浴びさせないことは難しいので排除できない。

さらに，**図２－１**に示すように，２つの性質を組み合わせることで，大きく４つのタイプに分けることができる。つまり，消費の競合性も排除可能性もある財を「私的財（民間財）」と呼び，消費の競合性も排除可能性もない財を「(純粋）公共財」と呼ぶ。消費の競合性か排除可能性のいずれかがある場合には「準公共財」と呼ぶ。この準公共財のうち，競合性は

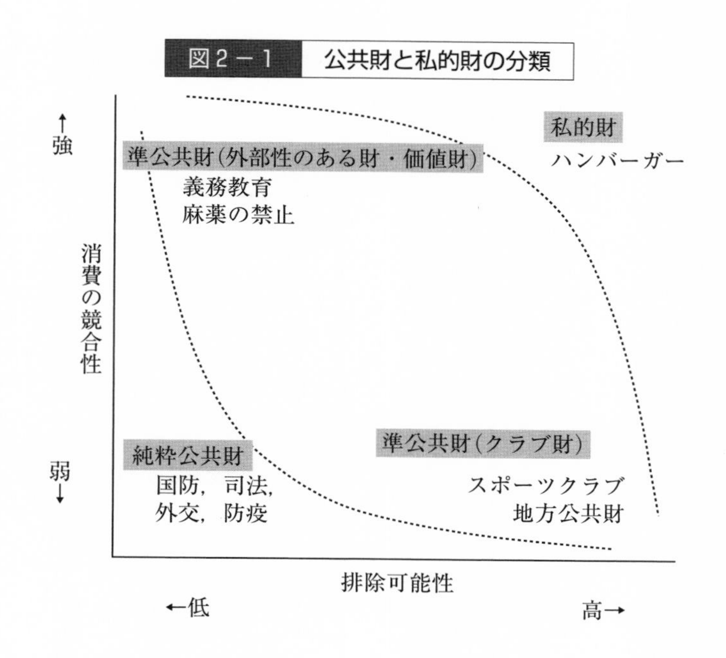

図２－１　公共財と私的財の分類

ないが，安価に排除することが可能な財は特に「クラブ財」と呼ぶ。たとえばスポーツクラブのように，費用を払った人のみ利用することができる財・サービスである。ただし混雑が生じた場合には，競合することがある。その他に電気通信産業や大規模交通網を必要とする産業なども当てはまる。警察による治安維持や消防などは，消費は競合しないものの，施設の立地によって利用者範囲が限られることもある。そのような財は特に地方公共財と呼んでいる。

他方，消費は競合するが，ある人の消費が他の人の効用にも影響を及ぼす“外部性”のある財は公的な供給が必要となる。また，消費者の選好というよりも，正義や人権，公平性といった観点から公が供給すべきものもあり，それらを特に「価値財」と呼んでいる。たとえば，文化・スポーツ，教育向上に資する財・サービスの提供や麻薬の禁止などが含まれる。

ただし，全ての財が明確に４分割されるというわけではなく，それぞれの性質の強弱などによって大別されることを示しているだけである。

公共財の必要性と供給主体

準公共財のみならず，近年では，これまで公が提供してきた財・サービスの一部を民間が提供していることも少なくない。そもそも，なぜ公共財が必要だったのだろうか？　また，なぜ政府が供給する必要があったのだろうか？

私的財の取引においては，市場の価格決定機構によって，ある特定の条件が満たされた場合には資源の最適配分が達成されるとされていた。逆に言うと，その他の条件下においては，資源が最適に配分されないことがあるということである。これは「市場の失敗」の１つであり，政府がなんらかの形で関与しなくてはならないのである。以下では資源配分において市場の失敗が生じる，特定の条件について復習しよう。

第一は，費用逓減産業の場合である。つまり，通信，鉄道，電力産業など，巨大な生産設備を用いなければ財・サービスを提供できないような産業の場合である。このような産業では，初期投資が大きいため，生産を始めてからは，財・サービスの1単位当たりのコストが徐々に下がる（逓減する）。そのため，数社で分散して生産するよりも，1社が多く生産したほうが価格も引き下げられる。しかし，このことは必然的に自然独占の状態をまねく。したがって，このような産業においては，政府による競争の制限や，独占の容認が必要となる。

第二は，情報の非対称性である。つまり，市場において売り手か買い手のどちらかのみが取引に有利となる情報を持っている場合である。たとえば中古車市場で，売り手のみが正しい走行距離や事故歴などの情報を持ち，買い手に正しく知らされていない場合，買い手は質の悪い車を高く買わされるかもしれない。逆に買い手のみが情報を持っている状況で医療保険に加入しようとした場合，売り手側の保険会社は買い手の健康状況を知らずに保険契約を結ぶかもしれず，結果的に保険金支払いが多くなりそうな人ばかり保険に加入することになるかもしれない。そのような状況に陥らないように，政府が医療保険などに関するサービスを提供しているのである。

第三は外部効果である。これは，市場を介さずに周りの人に影響を及ぼしてしまうことを指し，よい影響を及ぼす場合には外部経済，よくない影響を及ぼす場合には外部不経済と呼んでいる。この場合政府は，外部経済を発生するような活動には助成の措置を講じたり，外部不経済を発生するような活動には，罰金的な租税などを課したりする。

そして第四が公共財である。先の例では，B君は設置費用を出さなくても街灯による明るさを享受することができた。同様に，非競合性と非排除性を有する財は，ただ乗り（フリーライド）することが可能である。このような財は市場を通して最適に供給することは難しいため，強制的に税金を徴収することによってフリーライダーを減らす必要がある。

そのほかにも失業やインフレーションによって市場の機能が上手く働かない場合もあり，その際には，政府による介入が必要となる。このように，市場においては所得再分配の状態は既に与えられたものであり，そのうえで消費者の有効需要を満たすように取引され，資源が配分されるだけである。したがって，その配分が社会的に望ましいものであるかどうかは問題にならないため，その役割を政府が補わなければならないのである。

2.2 公共財の理論

最適な供給水準とその決め方

それでは，最適な公共財の供給水準はどのくらいであろうか？　また，どのように決めるのであろうか？　この答えの前に，まずは私的財の最適供給条件について復習し，違いをみていくことにする。

市場がうまく機能している場合，価格が媒介となって私的財の需給調整がなされる。具体的には，需要者側（消費者）は自分の限界便益が価格に等しくなるように需要量を決定する。なお限界便益とは，財の購入をもう１単位増やすときに限界的に増える便益をさす。一方供給者側（生産者）は，与えられた価格と生産に必要な限界費用が等しくなるように生産量を決定する。限界便益と同様に，限界費用とは，財の生産をもう１単位増やすときに限界的に増える費用を指す。つまり，価格を媒介として需要者の限界便益と供給者の限界費用とが等しくなるところで需給量が決定するのである。

ここで私的財と公共財の最も大きな違いを挙げるならば，私的財は全ての人にとって価格が共通であるのに対して，公共財は全ての人の消費量が共通である点である（**表２－１**参照）。なお公共財の価格は租税価格と呼ぶ。後で詳しく説明するが，リンダールは公共財も価格付けすることで均

表２－１　公共財と私的財の違い

	私　的　財	公　共　財
価　　格	同　じ	異なる
数量（消費量）	異なる	同　じ

図２－２　私的財と公共財の供給量の決定

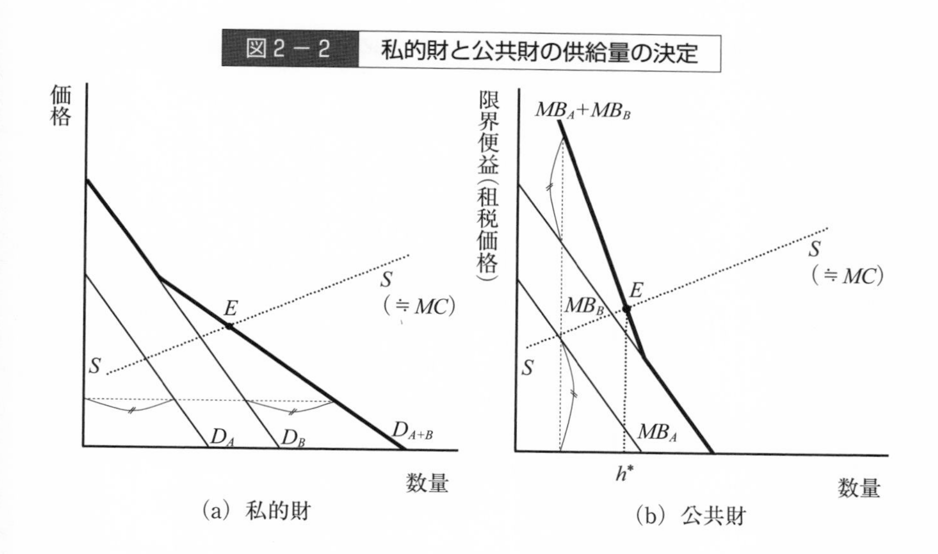

(a) 私的財　　(b) 公共財

衡点を導き出せるのではないかと考えた。

図２－２は，ＡさんとＢさんだけが存在する社会における私的財と公共財の価格と数量との関係を示したものである。Ａさんの需要曲線を D_A，Ｂさんの需要曲線を D_B とするならば，私的財の場合は価格が共通であるため，ＡさんとＢさんの需要曲線を水平方向に加えて社会全体の需要曲線 D_{A+B} を導出する。公共財の場合，とりわけ純粋公共財の場合には等量消費であるため，各人の消費量は共通である。また価格というよりは，追加的な１単位の公共財供給に対してどれだけ支払ってもよいか（租税価格）という基準で図る。

これは公共財からの限界便益を意味し，公共財を１単位増加させることによる社会全体の限界便益は，ＡさんとＢさんの限界便益を垂直方向に加えることで導出される。

このようにして導出された社会全体の限界便益 $MB_A + MB_B$ が限界費用 MC と交わる点で最適な供給水準 h^* が導出される（ちなみに，供給曲線 S-S は限界費用曲線 MC の一部を指したものである）。これを数式化したものをサミュエルソンの公式といい，公共財の最適供給条件である。

$$MB_A\ (h^*) + MB_B\ (h^*) = MC\ (\mathrm{h}^*)$$

つまり，「社会の構成員各人の公共財に対する限界便益の和が公共財の限界費用と等しい」ということである。

公共財と私的財とが存在する場合

上で示したサミュエルソンの条件は，私的財とは独立したかたちで公共財の需要と供給に着目した考え方である。現実社会では，公共財と私的財とが同時に存在し，社会全体に存在する資源は，私的財と公共財とに振り分けられる。つまり，限られた資源から公共財の生産を拡大すると消費可能な私的財の量は減少する。

そこで次に，ＡさんとＢさんがそれぞれ私的財と公共財とを消費するケースを考える。**図２－３**(a)には，社会全体の全ての資源を用いて生産することのできる公共財と私的財の組み合わせを意味する生産可能性曲線を描いてある。Ａさんの無差別曲線は図２－３(a)の U_A，Ｂさんの無差別曲線は図２－３(b)の U_B と表す。私的財，公共財ともに，消費量が増えると効用も増すものとする。

また，公共財は非競合であるので，ＡさんもＢさんも等量を消費することができる。一方，私的財は消費が競合するので，社会全体の生産量を X,

図２－３　私的財と公共財の同時決定

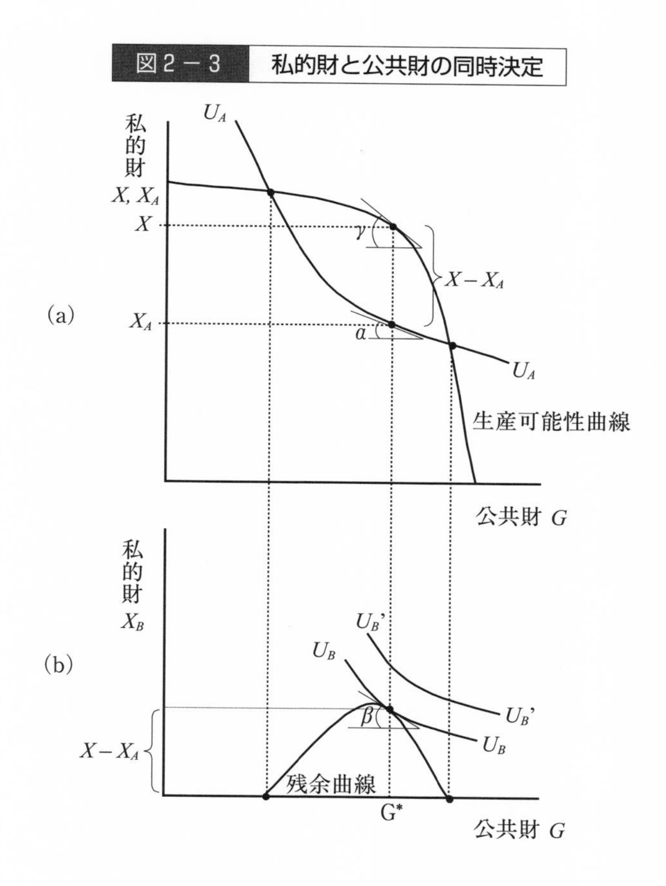

Ａさんの消費量を X_A とすると，Ｂさんの消費可能な私的財は $X - X_A$ で表される。

たとえばＡさんが公共財 G^* と私的財 X_A の組み合わせを選択するものとする。この時，Ｂさんが消費可能な公共財と私的財の組み合わせは，公共財についてはＡさんと共通の G^*，私的財については図２－３(a)の生産可能性曲線とＡさんの無差別曲線 U_A の垂直距離 $X-X_A$ に相当する。Ｂさんに残されている私的財の量は，図２－３(b)の残余曲線として表されている。Ｂさんにとって最適な公共財と私的財の組み合わせは，この残余曲線とＢさんの無差別曲線 U_B とが接する点の水準で決まる。この図では，Ａさんの効用水準を U_A 上で固定し，そのうえでＢさんの効用水準を最大化するように公共財の量を G^* に決定していることになり，この時，社会全体の効用は最大化されている。

１つの無差別曲線上では，私的財と公共財の組み合わせから得られる満足度の総計は一定である。そして無差別曲線上で，ＡさんとＢさんはそれぞれの私的財と公共財の消費において，どちらかの財を諦めながら，もう一方の財を増やしている。その割合を限界代替率 MRS と呼び，各無差別曲線上のある一点における傾きを指す。たとえば図２－３(a)では，Ａさんの限界代替率 MRS_A は α の傾きを持ち，Ｂさんの限界代替率 MRS_B は β の傾きを持つ。このとき β の傾きは残余曲線の傾きとも一致している。したがって，残余曲線の傾き β は，生産可能曲線の傾きを示す限界変形率 MRT（図２－３(a)では γ と表記）からＡさんの無差別曲線の傾きを表す限界代替率 MRS_A の傾き（図２－３(a)では α と表記）を差し引いたものと等しくなる。残余曲線の傾きとＢさんの限界代替率の傾き MRS_B は等しいので，

$$\underset{(\gamma)}{MRT} - \underset{(\alpha)}{MRS_A} = \underset{(\beta)}{MRS_B}$$

または，

$$MRT = MRS_A + MRS_B$$

（公共財と私的財の限界変形率＝各人の公共財と私的財の限界代替率の和）

と表記され，これが公共財と私的財とが存在する場合の公共財の最適供給条件である。サミュエルソンの公式は，本来この式を指している。

公共財を価格付けした場合

私的財は価格を媒介として需要量と供給量とが決定される。このメカニズムを用いて公共財も価格付けをすれば，最適な供給水準が決められるのではないだろうか？

リンダールは，公共財の負担比率を媒介にして，住民と政府との間でその比率の調整を繰り返すことで，最適な供給水準が決定できるのではないかと考えた。

これまでと同様に，ＡさんとＢさんのみ存在する社会で考えてみよう。まず政府はＡさんにαの割合で公共財供給のための負担を提示する。Ｂさんには，残り（$1-\alpha$）の割合で負担するよう提示する。つまり政府は，合計すると１になる異なる負担割合を２人に提示するのである。それぞれの負担割合は，いわば公共財の価格のようなものである。ＡさんとＢさんは，それぞれの負担割合を勘案して公共財の需要量をh_Aとh_Bと決めて，政府に表示する。

ここで，たとえばＡさんの負担割合が多かったため，Ｂさんよりも少ない公共財の需要量を表示したとするならば，政府は再度負担割合を提示しなおす。何度も繰り返して負担割合を調整し，２人の公共財の需要量が$h_A = h_B$と一致したところで最適な供給量h^*が決定する。このときＡさんは，最適な公共財の水準を決めるにあたり，限界便益と限界費用とが一致するところで水準を決めるであろう（図２－２参照)。限界費用が一定とするならば，$MB_A(h^*) = \alpha MC(h^*)$である。同様にＢさんも，$MB_B(h^*) = (1-\alpha) MC(h^*)$となるように水準を決めるであろう。つまり，社会全体で公共財水準を決めるにあたり，以下の式が成立していることになる。

$$MB_A(h^*) + MB_B(h^*) = MC(h^*)$$

これは，サミュエルソンの公式が成立していることを示している。この状態をリンダール均衡と呼ぶ。

もちろん，この考え方には限界がある。第一に，たとえば政府が1億人あまりの全住民の公共財需要量を把握して，その負担割合を調整するという手続きが現実的であるかという点である。費用面でも時間の面でも，実現性は低いのではないだろうか。

第二に，政府が提示する負担割合が，各個人の負担に見合ったものであるかという視点である。つまり，自分がどれだけ利用したいかという応益原則に基づくシステムになっているかもしれないが，応能原則には基づいていないのではないだろうか。公共財の需要割合が高い人は，所得の低い人が多いと考えられることから，所得再分配の観点を考慮せずに負担率を決めることに限界があるかもしれない。ただし，公共財供給に関しては資源配分機能を重視し，別の政策として所得再分配を行うシステムがあれば，大きな問題にはならないかもしれない。

第三に，住民が必要な公共財の量を正しく申告するかどうかという視点である。需要量を多く表示すると負担割合も上がるので，住民は極力抑え目に表示するかもしれず，それにより負担割合を下げられると考えるかもしれない。しかも，純粋公共財であるならば，負担割合が低くても排除されることなく等量消費が可能になる。しかし，全ての住民が需要量を抑え目に表示したならば，負担割合の合計額は1になるように設定されているため，結果として負担割合は変わらず，社会的に望ましい公共財の量よりも少ない水準でしか供給されないことになる。このように，正直に表示するインセンティブが働かないことで，このシステムは上手く機能しなくなる。自分は正しく表示せず，正しく表示した人に高い割合で費用を負担してもらうような人をフリーライダーと呼ぶ。

2.3　公共財の供給量の決定

●　中位投票者理論

それならば，公共財の最適な供給水準を決める方法はないのだろうか？これまで見てきたサミュエルソンの公式は，ファーストベスト（最善）の均衡を求めようとしてきた。しかし，現実社会では，資源を配分する方法は効率性のみに基づいて決められるものではない。また，資源配分の方法を決めるには，政治的，文化的，社会的な側面など多面的に考慮すべきことがあるだろう。以下では，別のアプローチで公共財の供給水準を決める方法として投票に着目してみよう。

ブラックは社会的決定が投票によって決められるコミュニティーを想定し，個々の選好が単峰型に示されると仮定した。たとえばＡさん，Ｂさん，Ｃさんの３人のコミュニティーがあるとして，それぞれ最も好ましい公共財水準をh_A，h_B，h_Cと提示したとする。Ａさんにとってh_Bやh_Cという水準でも悪くはないが，h_Aの水準に比べればそれほど好ましいとは考えていない。このような状況を，選好が単峰型であると表現し，ＢさんとＣさんの選好も同様だとする。この条件下で，供給水準を決める二者択一の投票を繰り返し，多数決で水準を決定する場合，ちょうど真ん中の水準を提示した人の意見が採用されるというものが中位投票者理論である。

まずh_Aとh_Bの水準に関して二者択一の投票を３人でしたとすると，Ａさんはh_Aの水準を選び，Ｂさんはh_Bの水準を選ぶだろう。このときＣさんは最終的に，当初から提示していたh_Cの水準に比較的近いh_Bの水準を選ぶだろう。同様にh_Bとh_Cの水準で二者択一の投票をしたならば，h_Bの水準が選ばれるだろう。その結果，**図２－４**に示されるように，３人が提示した公共財水準を少ないものから多いものへと順に並べた際，Ｂ

図2－4　中位投票者定理に基づく公共財供給水準の決定

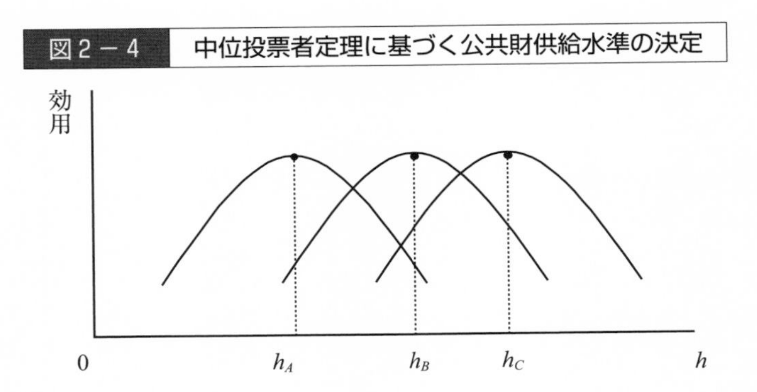

さんが中位投票者にあたり，このコミュニティーではＢさんが提示した水準 h_B に公共財供給水準が決まる。

もちろん，この考え方にも限界がある。個人の選好が単峰型でなければならないという点である。上の例では，自分に最適な水準から離れる決定事項に対しては効用が下がると仮定を置いているが，そうでない場合には投票によって決めることは出来ない。また，h_B に決まった公共財水準は，実際，ＡさんとＣさんにとって最適な水準ではない。

費用便益分析

その他に，公共財の供給水準を決める方法として費用便益分析がある。特に，大規模プロジェクトを行う際に判断材料として用いられることがある。これは，投じる費用に対してどれだけの便益がもたらされるか，金銭ベースで比較するものである。むろん後者が大きければプロジェクトを遂行するに値すると評価する。費用とは，建設費用や土地の買い取り価格，その後の維持費などである。便益とは，その公共財ができることによる利便性の向上を金額換算したものであり，支払い意思額（WTP: Willingness to Pay）の合計値である。

道路や鉄道の新設であれば，以前よりもどれだけ早く，安く目的地に到達できるようになったかという時間や料金で測ることができる。砂防ダムの建設であれば，土砂災害に遭わなくなることに対して金銭的に評価することもできる。ただし，費用や便益項目の選定は，分析者の恣意性によるところも大きいため注意が必要であろう。

足による投票

ティブーの“足による投票”という考え方もある。これは，住民が全ての地方団体の公共財供給と負担に関する情報を持ち，それを基に自分に最適な地方団体を選んで移住することが出来るならば，最適な公共財供給が可能ではないかという仮説である。住民が望ましいと思う地域に対して手で投票するのではなく移住するという形で足を使って投票するという考え方である。それにより，環境に配慮した地域，高齢者にやさしい地域，子育てを応援してくれる地域に対して，同じ選好を持つ住民がかたまって住むようになり，住民のニーズに対応させた公共財供給が出来るようになる。

しかし実際にこれが可能だとするならば，担税力の低い住民が多い地域と担税力の高い住民が多い地域ができたり，過密地域と住民のいない地域ができたりするかもしれない。また，全ての住民が全ての地域の情報を持つことは難しいし，現実に移住するためには引越し費用や会社や学校を移る手続きなどの機会費用が生じる。さらに，代々受け継いできた土地や生まれ育った郷土を捨てられるかと考えると実現性は低くなる。

またこの仮説は地方団体のケースを扱っているため，スピルオーバーを考慮しなければならない。つまり，公共財供給水準の高い地方団体の近くに住んでいる住民は，税金を負担することなく隣の地方団体の公共財を使うことができる。この場合，自分にとって最適な公共財水準を提供している地方団体に対する投票にはなっておらず，地方団体側は正しい限界便益を把握できないため，公共財を過少供給してしまう。

EXERCISE

Q　身の回りにあるさまざまな公共財を公共財のもっている 2 つの性質から説明し，それらの最適な供給水準および供給方法について考えなさい。

Key Word：消費の競合性，排除可能性，サミュエルソンの公式，リンダール均衡

第3章

所得再分配機能

本章では，財政の機能の1つである所得再分配について解説する。再分配政策には，最低限の生活の保障と過度の不平等の是正という2つの側面がある。また，所得再分配政策を実現するものとしての社会保障制度の現状と問題点についても整理する。

3.1　最低限の生活保障

所得ゼロの可能性

市場経済のもとでは，各個人が保有する能力や生産性に基づいて所得分配が決定される。つまり，高度な技術や才能を持っていれば労働1単位当たりの価格が高くなる。また，労働時間当たりの価格が一定であっても多く働けば所得は高くなる。

資本主義社会においては，このこと自体は当然である。しかし，社会全体として見れば，個々の構成員の所得がゼロになる可能性は常にある。1つの例が疾病や事故によって労働が困難になる場合である。この状況に対応するため，先進国では，何らかのかたちで最低限の生活を維持することができるよう，公的扶助のシステムをもっている。日本では現行憲法の第25条で「全て国民は健康で文化的な最低限度の生活を営む権利を有する。」と定められており，これを実現するために生活保護制度が設けられている。

生活保護の動向と課題

図３－１は，1980年以降の生活保護世帯の状況の推移を示したものであ

図３－１　保護世帯数および世帯保護率の推移

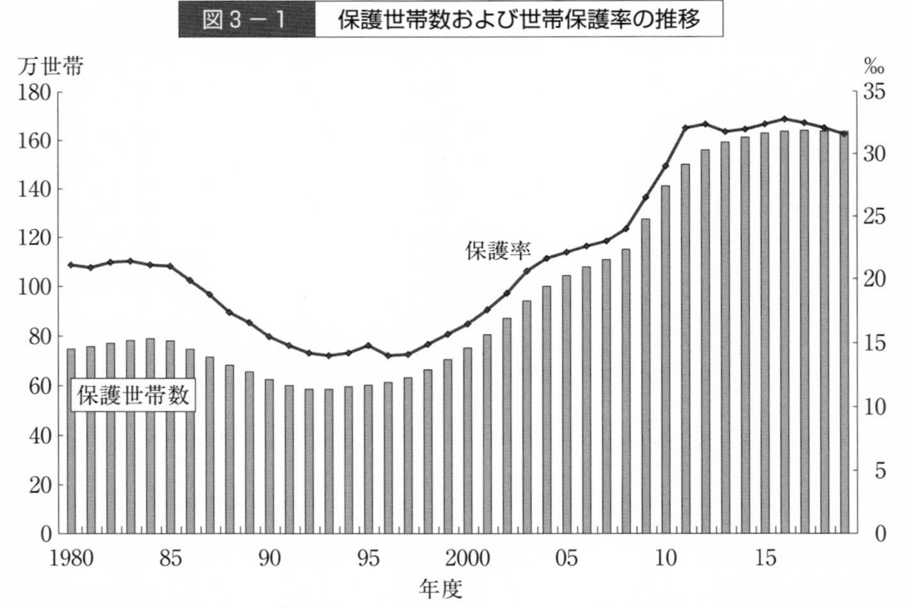

備考）保護率の算出は，被保護世帯数（１か月平均）を「国民生活基礎調査」の総世帯数（世帯千対）で除したものであり，国立社会保障・人口問題研究所にて算出。
2011年の総世帯数には，岩手県，宮城県及び福島県は含まれていない。
2012年の総世帯数には，福島県は含まれていない。

資料）2011年以前は，厚生労働省大臣官房統計情報部「社会福祉行政業務報告」（福祉行政報告例）。
2012年以降は，厚生労働省社会・援護局保護課「被保護者調査」月次調査。

出所）国立社会保障・人口問題研究所『「生活保護」に関する公的統計データ一覧』（http://www.ipss.go.jp/s-info/j/seiho/seiho.asp），
厚生労働省『2019年度被保護者調査』（https://www.mhlw.go.jp/toukei/saikin/hw/k-tyosa/k-tyosa19/dl/02.pdf）。

る。1980年代前半は20‰（1,000世帯当り20世帯）であったものが，いわゆるバブル経済の時期，1990年頃には被保護世帯数も保護率も過去最低水準にまで下がる。

しかし，バブル崩壊後の90年代には急激に上昇し，2003年度には再び20‰に達する。保護率はその後も上昇を続け，2011年度には32.1‰になる。世帯保護率の上昇とともに近年の特徴的な動きが被保護世帯数の増加であり，2011年度には150万世帯に達している。これには，高齢化の進展にともなって単身者世帯が増えたことが影響している。その後，世帯で見た生活保護率は，2010年代を通して30％台前半で推移する。また地域別には，各地域の経済，環境等の影響を受け，北海道，大阪府，福岡県といった府県で保護率が高くなるなど，近年，地域間での開きが拡大してきている。

生活保護制度は全国的な仕組みであるが，その実施主体は地方団体である。具体的には，都市のエリアは市，町村のエリア（郡部）は都道府県が申請の受付，給付の審査，給付事務を行う。

財源は，給付費の75％が国庫負担，残りを地方団体が負担することになっている。2020年度，国の一般会計予算に計上されている生活保護費は２兆8,219億円，地方財政全体の予算に相当する地方財政計画では，地方の歳出（約91兆円）に生活保護費３兆8,160億円が計上されている。

近年，社会保障制度全体の方向性が，「保護から自立」へと向かう中で，当然生活保護の仕組みも議論の対象とされている。現在，生活保護制度はさまざまな矛盾点を抱えている。そしてセーフティネットの確保という要請と効率性の追求という考慮すべき２つの側面にどのように応えるのかが大きな課題となっている。

公的扶助が抱える大きな問題がその対象者の範囲である。公的扶助は市場原理のもとでは生活の糧を得ることができない経済的弱者を対象とするものであることは言うまでもない。

つまり，資産を持たず，働くことができない人である。生活保護制度は対象者からの申請に基づいて給付が決定される。その際，希望すれば自動的に給付されるわけではなく，対象者の状況について一定の審査が行われる。

したがって，本来，所得が得られるにもかかわらず生活保護の対象になることはないはずであるが，実際の運用ではこの区分が非常に難しい。

たとえば，比較的若年層のいわゆるホームレスと呼ばれる路上生活者への対応や，年金保険料を支払っていないことから無年金となっている高齢者への対応を全て生活保護の枠組みで行うのか，対象者の範囲をどのように限定するのかが１つの課題である。

また，2000年代に入り，失われた10年や20年と言われる長期にわたる経済の低迷の中で，生活保護率も上昇している。このような経済環境の悪化にともなって生じる短期的な失業者に対して，生活保護制度としてどのように対応するかも検討しなければならない。そしてその際，失業保険制度との連携を図ることも重要なポイントになる。

3.2　不平等の是正

不平等是正の意義

財政による所得再分配のもう１つの内容は「過度な」不平等の是正である。市場での経済活動に重きを置く限り，労働力や資本を提供して獲得する所得分配に格差が生じるのは当然である。

しかし，「過度な」不平等が生まれ，それが是正されないようなケースでは，社会的にマイナスの結果をもたらす。そのため，政府による分配状況の不平等の是正が求められるわけであるが，だからと言って，各個人の努力や能力にかかわらずその成果である所得が均一であれば，勤労意欲や投資意欲は減退する。

つまり，不平等の是正は，全ての経済的な格差をなくし，完全に平等な分配状況を作り出すことではなく，現実社会で生じる不平等の程度を縮小することである。

過度な不平等の結果生じ得るマイナスの効果とは，具体的には，所得分配の不平等の固定化による社会の階層の分裂やそれにともなう治安の悪化，あるいは階層固定化にともなう社会の活力の減退である。とりわけ，貧富による階層の固定化が世代を超えて継続し，新しい世代が能力を発揮したり努力を続けても格差の是正に結びつかないのであれば，意欲そのものをそいでしまうだろう。

もちろん，「過度な」という基準がどの程度であるのかを定量的に示すことは非常に難しい。実際の政策判断においては，時間的（異時点間での）比較や国際比較に依存せざるを得ない。

再分配の方法

今日，財政が再分配の役割を果たすうえで，さまざまな仕組みが働いている。それには，再分配のために構築された制度と再分配効果を発揮するものとがある。１つは上記の公的扶助による現金や現物の給付である。

もう１つは税制を通じた再分配である。税の仕組みを所得（資産）が高いほど負担率が高くなる累進的な負担構造となるように設定すれば，所得（資産）分配の不平等は課税前よりも課税後の方が小さくなる。ただし，特に所得に対して累進課税が求められるのは，主として税の負担分配における公平性追求の結果であり，再分配のための仕組みと位置づけることが相応しいかどうかは議論の余地がある。

さらに，財政は支出政策を通しても再分配効果をもたらす。たとえば所得に関わりなく同額の課税を行ったとしても，それを財源として低所得者に多く現金給付を行えば，分配状況は財政が関与する前と比べて平等化する。

また，現金給付ではない，政府支出によって供給される公共サービスから各個人がどれだけ利益（便益）を受けているかを明確に測定することはできないが，等量消費を前提とすれば全てが同額ずつの利益を受けることになる。負担とともにこの受益を考慮すると，財政全体を通じた再分配効果を測定することができる。

不平等の尺度

ジニ係数とは，社会全体の所得が高所得層にどれだけ集中しているかを示す指標である。それを求めるために，横軸に所得の低い順に並べた個人（世帯）の累積比，縦軸にそれに対応する所得の累積比を取って，ローレンツ曲線と呼ばれる曲線を引く。

表３－１の３人の社会の例①では，最も所得の低いａ（つまり所得の低い方から１/３）が社会全体の所得のうち１/16を，ａとｂ（つまり所得の低い方から２/３）が６/16を得ている。原点（0,0）と（1,1）は必ず通ることになるので，これらを結んで描いたのが，**図３－２**のローレンツ曲線 *pqrs* である。社会の構成員が全員同じ所得を得ている場合には，このローレンツ曲線は対角線 *ps* になり，高所得層に集中しているほど対角線から下方に離れていくことになる。

ジニ係数は，対角線 *ps* とローレンツ曲線 *pqrs* で囲まれた部分の面積が，対角線 *ps* の三角形（面積は0.5）に対してどれだけの比率になっているかを求めたものである。

３人の社会の例①では，以下のように求められる（算式には幾通りかの方法がある）。

表3－1　所得分配の状況

	a	b	c	合　計
①	1	5	10	16
②	2	8	15	25

図3－2　ローレンツ曲線

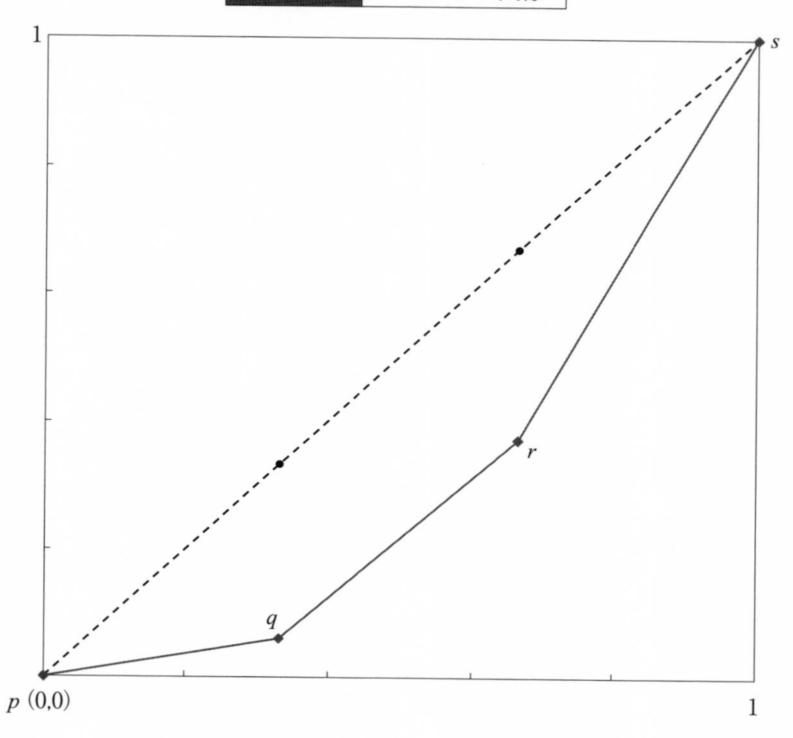

$$\frac{0.5-\left\{\frac{1}{3}\times\frac{1}{16}\times\frac{1}{2}+\frac{1}{3}\times\left(\frac{1}{16}+\frac{6}{16}\right)\times\frac{1}{2}+\frac{1}{3}\times\left(\frac{6}{16}+1\right)\times\frac{1}{2}\right\}}{0.5}$$

$$=\frac{3}{8}=0.375$$

同様にして，表３－１の社会の例②もジニ係数を求めると，

$$26/75=0.347$$

となり，①と②を比較すれば前者のほうが不平等度は大きいという結果が得られる。

● 望ましい所得再分配の検討

ここで，有名なアメリカの財政学者マスグレイブがその著書 *Public Finance in Theory and Practice*（1984）の中で提示した，社会が２人（２グループ）で構成される簡単なモデルケースを用いて，望ましい所得再分配のあり方について考えてみよう。

図３－３と**表３－２**は，社会にＨとＬという２人の個人が存在し，単純化のためにＨのみが勤労所得を得て，所得税の対象になると仮定した場合の再分配の状況を示している。税収は全てＬに再分配されるものとする。

Ｈの単位時間当たりの賃金は10万円とする。またＨは，課税によって労働時間を増加させるが，税率が高くなるとしだいに労働時間を短縮させ，税率100％ではまったく働かなくなるものとする。

図３－３で，横軸はＨの課税後の手取り所得，縦軸はＨからの税収によってＬが給付される手取り所得である。もしＨが課税によって労働時間を全く変化させないとすれば，常に２人は総額の op を分け合うことになるが，Ｈは税率に応じて労働時間を変化させると想定しているためにその組合せは $pqrso$ の線上を移動することになる。

点 p は，所得再分配政策が全く講じられていない税率０の状況である。ただしこの場合，Ｌは所得０で生活は不可能になる。税率15％の点 q では，

図3－3　所得再分配のパターン

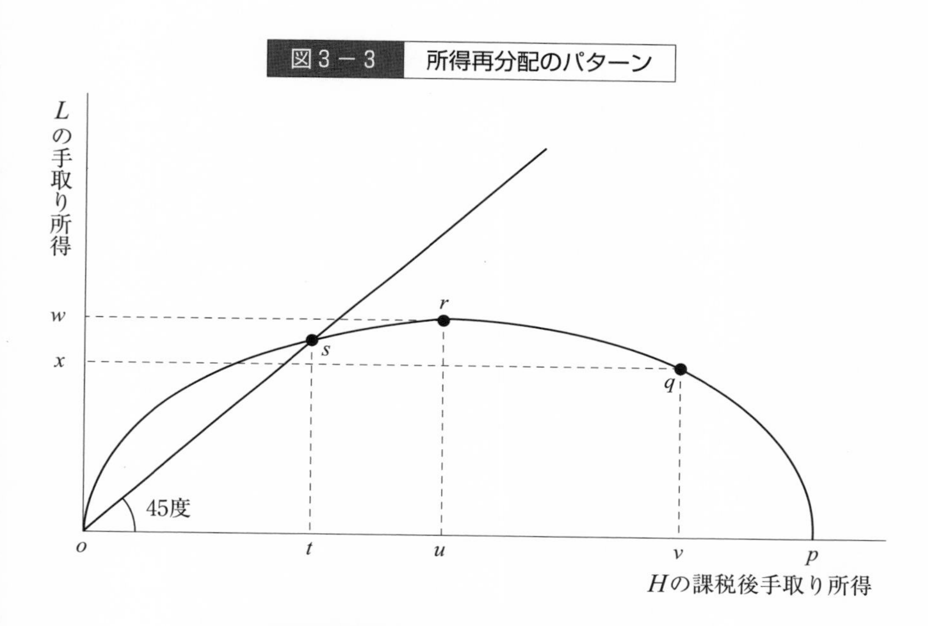

表3－2　所得再分配のパターン

ポイント	Hの税率	Hの労働時間	Hの課税前所得	税　収	Hの課税後手取り所得	Lの手取り所得
			万円	万円	万円	万円
p	0.00	6.0	60.0	0	60.0	0
q	0.15	7.0	70.0	10.5	59.5	10.5
r	0.30	5.0	50.0	15.0	35.0	15.0
s	0.50	2.5	25.0	12.5	12.5	12.5
o	1.00	0	0	0	0	0

Hが労働時間を増加させることによって，社会全体の所得（パイ）は最大の70万円となる。そして税率が15％であるから，Lの所得は10.5万円である。

点 r は，低所得者Lの手取額が最大化される点である。税率は30％で，Hは労働時間を5時間まで減らす。また，社会の完全な平等をめざすのであれば原点からの45度線と交わる点 s が選ばれるだろう。この時のHの労働時間は2.5時間にまで減少し，社会全体の所得は25万円になる。

p，q，r，s のうち，どの点が社会的にみて最も望ましいか，あるいはどの2点の間に最も望ましい解が存在するかは，社会的な背景や各人の判断にゆだねられるであろう。このような望ましい所得分配の状況の検討は，財政による所得再分配政策の評価においては非常に重要な意味をもつ。

日本の不平等の実態

社会の不平等が実際にどの程度の大きさであり，政府がそれをどの程度縮小しているのかを計量的に把握するためにはいくつかのデータや方法がある。ここでは，厚生労働省が所得分配状況と再分配の効果を把握するために定期的に実施している『所得再分配調査』を用いてその推移を概観しておくことにする。

表3－3は，1993年から2017年にかけて，不平等度（ジニ係数）と公的

表3－3　所得分配状況の推移（ジニ係数）

調　査　年	当初所得（A）	再分配所得（B）	再分配係数(%)（B－A）／A
1993年	0.4394	0.3645	17.0
1996年	0.4412	0.3606	18.3
1999年	0.4720	0.3814	19.2
2002年	0.4983	0.3812	23.5
2005年	0.5263	0.3873	26.4
2008年	0.5318	0.3758	29.3
2011年	0.5536	0.3791	31.5
2014年	0.5704	0.3759	34.1
2017年	0.5594	0.3721	33.5

資料）厚生労働省『平成29年所得再分配調査　報告書』。

負担・給付を通じた再分配効果の推移の推移を示したものである。当初所得の不平等度は近年上昇傾向にあるが，同時に再分配効果も高まり，再分配後の不平等度の上昇は抑えられている。

この背景には，現役を引退した後，次に述べる年金の受給者となった高齢者の増加がある。

● 世代を超えた再分配

高所得者と低所得者の間での再分配は，各個人の年代とは無関係に，同じ時点での所得のみを基準に見た考え方である。これとは別に再分配政策は世代を超えて必要なケースがある。各個人は必ずしも生涯を通じて変動のない所得を得られるわけではなく，一般的には，勤労している世代よりも，リタイアした後の方が経済的基盤は弱くなる。これをそのまま放置すれば，現役世代と高齢者世代の間，あるいは高齢者世代内でも過度の不平等が発生する可能性があり，世代を超えた再分配が必要とされる。

したがって，世代を超えた再分配は，勤労世代から高齢世代に対するものが中心となる。これには主として年金のシステムが関連するが**図３－４**で示したように，同じ時点で勤労世代から高齢世代へと向かうもの(1)と，現在の勤労世代から将来の高齢世代へ，つまり同じグループ内で異時点間の再分配を行うもの(2)とがある。

年金システムで言えば，前者が賦課方式で後者が積立方式である。

一部の人を除いて，高齢となった時に生活を支える経済的基盤が弱くなるのは当然のことであり，各個人はそれに備えて貯蓄をする。そして，全ての人が十分な備えをするのであれば，年金のような高齢者世代への移転を行うシステムを社会的に構築する必要はない。しかし，各個人の行動は必ずしも画一的ではなく，全員が将来に備えた貯蓄をするわけではない。

また，たとえば自営業者のように，リタイアの仕組みがなく高齢時まで

図３－４　世代間の再分配

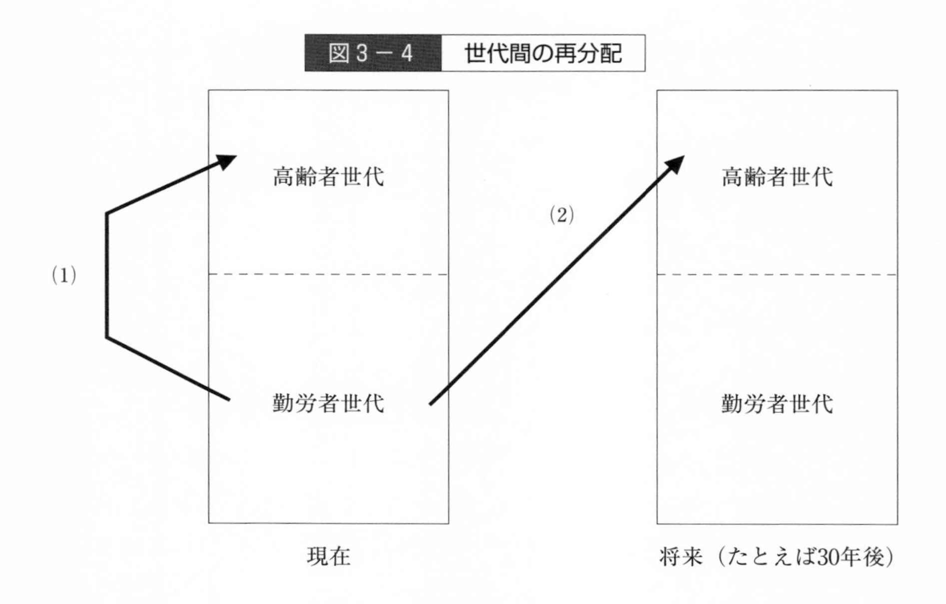

労働を続けることで所得が得られると考えられる場合には，将来の経済力を考慮した十分な貯蓄をしない可能性もある。しかし，経済環境等の外的な要因によって事業の継続が困難になれば，生活を維持することができなくなる。

これらの経済的困窮者に対して，3.1 で述べた公的扶助の枠組みで対応することも考えられる。しかし，このような仕組みを確立すると，一部の人が将来への備えを怠るいわゆるモラル・ハザードを引き起こす可能性がある。

そこで，拠出（負担）を強制的なものにした勤労世代から高齢世代への再分配の仕組みが必要となってくるのである。

もう１つ，世代間での再分配を公的に行う根拠がある。それは各個人の寿命が一様ではないことである。たとえば20歳から60歳が勤労世代，60歳以上が高齢世代としよう。この時，全員の寿命が80歳であれば，各個人が高齢期の生活に必要な資金が確定する。だが，実際には，寿命は人によって違い，老後に対する自らの貯えと必要な資金が一致するとは限らない。このような不確定な要素に対応して全ての高齢世代の人の生活を安定したものにするために，一定の所得保障を行うシステムを公的に構築する必要がある。

3.3　日本の社会保障制度

● 社会保障関係費と少子高齢化の進展

所得再分配政策は，さまざまな社会保障制度を通じて展開されている。ここでは，日本の社会保障制度の枠組みと現状について述べることにする。

2020年度国の一般会計予算102.6兆円のうち，「社会保障関係費」として区分されるものは35.8兆円に達し総額の34.9％を占める。社会保障関係費には，①医療，年金，介護の社会保険費，②児童，高齢者，障害者などに対する福祉サービス等を供給する社会福祉費，③公的扶助である生活保護費，④伝染病対策や公衆衛生のための保健衛生対策費，⑤失業対策費，の５つに区分されており，2020年度予算では社会保険費が全体のほぼ４分の３を占めている。

近年は，高齢化の進展に伴って社会保険費の拡大が顕著であり，これによる財政需要に対してどのように対応するかが大きな政策課題となっている。**図３－５**は，1980年以降の65歳以上人口（老年人口）とその総人口比の推移を示したものである。1980年には1,065万人，9.1％であったものが2015年には3,387万人，26.6％と数でも比率でも約３倍以上に増加した。そして，2035年には3,782万人で比率は32.8％に達すると見込まれている。このような急速な高齢化の進展は他の先進国では例を見ない状況である。そしてその背景には，日本では男81.41歳，女87.45歳（2019年）と平均寿命が世界で最も高い水準に達していることがある。同時に合計特殊出生率

図3－5　老年人口および総人口比の推移

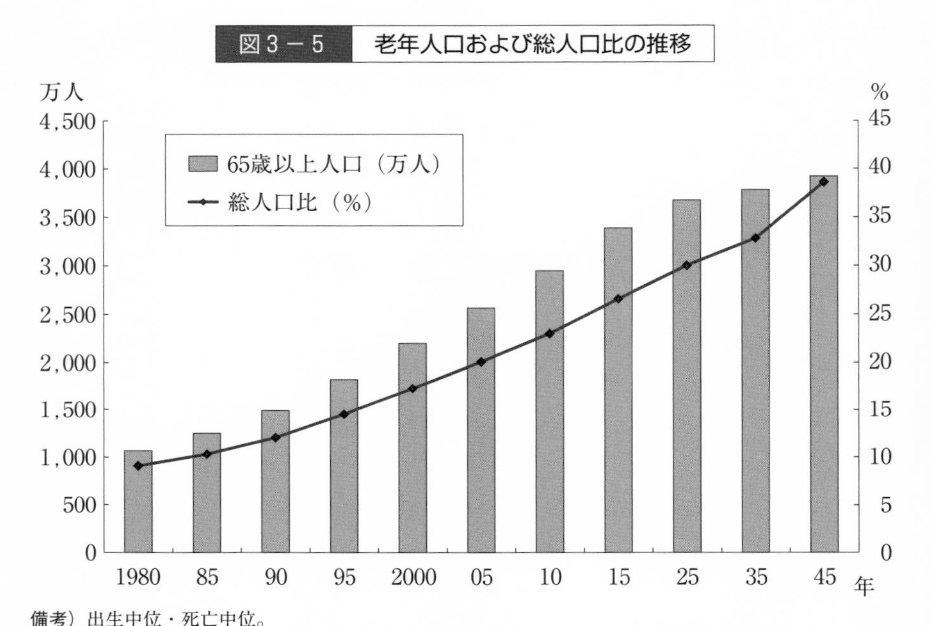

備考）出生中位・死亡中位。
資料）国立社会保障・人口問題研究所『日本の将来推計人口（平成29年推計）』(http://www.ipss.go.jp/pp-zenkoku/j/zenkoku2017/pp_zenkoku2017.asp)。

（1人の女性が一生に生む平均子供数）が1.36（2019年）と総人口を維持するのに必要である2.0以上を大きく下回っていることも老年人口の総人口比を上昇させている（図1－6参照）。

社会保険も含めて，社会保障は全ての人が負担したのと同じ規模の給付を受けるわけではなく，事後的には負担が相対的に大きくなるグループと給付を多く受けるグループとができる。したがって少子高齢化の進展は、社会保障の負担と給付という側面では負担するグループと給付を受けるグループのバランスを崩す可能性を生み出す。

2020年度予算ベースの社会保障給付費は総額で127兆円に達し，年金が58兆円，医療が41兆円，福祉等が29兆円となっている。**図3－6**は，厚生労働省が2018年5月に発表した，社会保障の給付と負担に関する将来推計

図３－６　社会保障給付費の見通し（2018年５月）

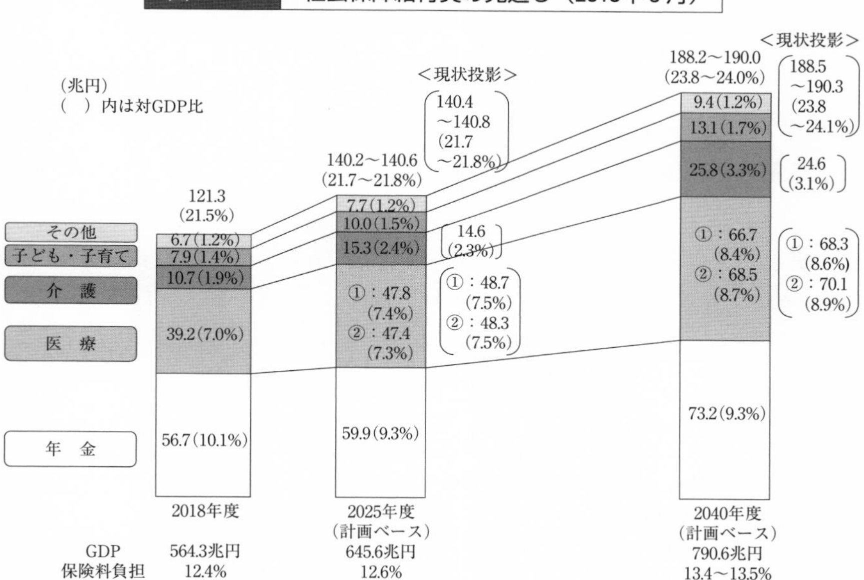

備考１）医療については，単価の伸び率の仮定を２通り設定しており，給付費も２通り（①と②）示している。

備考２）「計画ベース」は，地域医療構想に基づく2025年度までの病床機能の分化・連携の推進，第３期医療費適正化計画による2023年度までの外来医療費の適正化効果，第７期介護保険事業計画による2025年度までのサービス量の見込みを基礎として計算し，それ以降の期間については，当該時点の年齢階級別の受療率等を基に機械的に計算。なお，介護保険事業計画において，地域医療構想の実現に向けたサービス基盤の整備については，例えば医療療養病床から介護保険施設等への転換分など，現段階で見通すことが困難な要素があることに留意する必要がある。

※ 平成30年度予算ベースを足元に，国立社会保障・人口問題研究所「日本の将来推計人口（平成29年推計）」，内閣府「中長期の経済財政に関する試算（平成30年１月）」等を踏まえて計算。なお，医療・介護費用の単価の伸び率については，社会保障・税一体改革時の試算の仮定を使用。

出所）厚生労働省『今後の社会保障改革について－2040年を見据えて－』（https://www.mhlw.go.jp/content/12601000/000474989.pdf）。

である。将来的には，社会保障負担だけでGDP比23～24％程度の負担が必要になると予測されている。

社会保険制度と公費負担

日本の社会保障制度は，社会保険が重要な役割とウエイトを占めていることが大きな特徴である。具体的には年金，医療，介護，雇用，労働災害の５つの公的保険制度が中心である。

医療と年金は第２次大戦前から保険制度が設立されていたが，1961（昭和36）年に国民皆保険が実現され，その後改正を重ねて今日にいたっている。介護保険は2000年度に創設された新しい社会保険制度である。また，雇用，労災保険は，労働者の失業と職務上のけがなどの労働災害を補償するための保険で，1947（昭和22）年に確立された。

社会保険制度はそれぞれに保険料を徴収するシステムがある。保険の基本的な役割であるリスクプーリングの意味からは保険料での運営が原則であるが，現在はいずれの保険制度にも税等の財源が充当されており，「公費負担」や「国庫負担」と呼ばれている。そして，国の一般会計では社会保険費として計上され，年金については国の特別会計に，老人医療と介護保険については地方団体に交付される。

年金保険

現在の日本の年金制度は２階建ての構造になっている。１つは，国民全員が一律の給付を受ける老齢基礎年金であり，国民年金とも言われる。2020年４月時点での国民年金の保険料は月額１万6,540円，給付額は年額約78万円（65歳時，20歳から64歳まで加入していた場合の満額）である。なお，2000年度以降，物価が下落していた期間を据え置かれていたことについての調整として，抑制されてきている。この国民年金の給付のための財源は，２分の１が国庫負担である。

２階部分はサラリーマンの報酬比例の年金である。これが厚生年金で，2014年に公務員や私立学校の共済年金が統合され，全てのサラリーマンは統一された厚生年金に加入することになった。厚生年金は2019年度末現在113兆円の積立残高がある。現代は，年齢別に見た人口分布の大きい，いわゆる団塊世代が受給年齢に達することもあり，公的年金制度の維持のためには保険料の引上げや給付についての再検討も必要になる。

国民年金（基礎年金）に関しては，生活保護とのバランスも考慮した給付水準の見直しが検討されている。また，定額の保険料の収納率が低いという現状もあり，税による確保も含めてその財源をどこに求めるのかが重要な検討課題である。国民年金の給付に対する国庫負担は2004年の改正によって2009年度からそれまでの３分の１から２分の１に引き上げることとなった。そして2014年の消費税の税率引上げから１％分がその財源に充てられている。

厚生年金についてもいくつかの課題がある。第一は，負担（保険料）と受益（給付）のバランスに関して生じる世代間の不公平をどのように是正するかという点である。年金制度維持のための保険料引上げに合わせて，給付水準についても引下げも含めた見直しの検討が必要である。

第二は，国民年金の充実を図ったうえで，報酬比例部分を廃止するか，もしくは民営化をめざした議論である。ただし，廃止や民営化についてはこれまで積み立てられてきた保険料もあり，移行期への対応という問題も引き起こす。

医療と介護

日本の医療制度は，公的な保険制度によるものと老人保健制度とに大きく区分することができる。公的保険には，サラリーマン等の職域健康保険と，自営業者等が加入する市町村ごとの国民健康保険とがある。保険制度は，その財政的な基盤を確保するため診療時の自己負担が引き上げられ，現在は3割負担となっている。

国民医療費の総額は拡大を続けており，1990年度には20兆円に，そして2018年度には43兆円に達する。

この医療費の拡大に大きく影響しているのが高齢化の進展である。高齢者医療費の抑制のために，自己負担の引上げも実施されてきた。しかし，高齢者の場合は何らかの疾患を持つ可能性が高く，その経済的な基盤も弱いことが多いため自己負担引上げにも限界があり，その財政的基盤の確立が急がれている。

2008年には，従来の老人保健制度が廃止され，新たに75歳以上の人を対象にした後期高齢者医療制度が導入された。これは，高齢化の進展に伴う医療費の増大に対応し，高齢者と若年世代の負担の明確化を目指したものである。具体的には，1割から3割の患者負担を求め，患者負担分以外については5割の公費負担，4割の各医療保険からの拠出と1割の75歳以上の人の保険料という財源構成となる。また，65～74歳の前期高齢者の医療についても，それまでの国民健康保険中心の財源構成から，現役世代の保険制度の割合を引き上げる調整が行われた。

後期高齢者医療については，高齢者の負担増につながるものとしての批判や高齢者医療を切り離した制度となることについての批判も強く，民主党政権下では廃止に向けた議論が行われた。その後，自民党政権下で改めて検討が進められ，2020年度の後半から所得が一定の金額を上回る場合には2割負担を求めることとされた（厚生労働省『全世代型社会保障改革の方針』［2020年12月閣議決定］）。

高齢者医療と密接に関連して，2000年に導入されたのが介護保険制度である。高齢者の場合は一旦入院するとそのまま入院が続く，いわゆる社会的入院が多く見られ，医療とは別の仕組みでの介護が要請されるようになったことが介護保険導入の1つのきっかけであった。また，家庭内で介護を要する高齢者と同居する世帯の負担の軽減，さらには高齢者のみが生活する世帯の追加に対応して社会的な介護のシステムを確立する必要にも迫られていた。

介護サービスは，従来は行政による措置として展開されていたのであるが，介護保険制度の導入によって利用者と介護事業者との間の契約へと移行する。この，行政上の措置から契約への動きは介護だけにとどまらず，後の障害者自立支援法へもつながっていく。

介護保険制度は保険者（運営主体）を市町村，被保険者を40歳以上として導入されたのであるが，予想以上に利用が拡大し，公費負担の規模も当初の見込みを上回る。そのため，保険料の見直しが必要となったが，2005年の改正ではさらに「介護に至る前の予防」が重視されるようになり，比較的経度な場合には予防的なサービス（訓練など）が提供されることになった。

高齢者福祉においては利用者の便宜と運営の効率化の両立をめざすことが大きな目標である。その実現のためには介護と医療それぞれのシステム設計にとどまらず両者の連携も考慮した議論や検討が必要になっている。

EXERCISE

Q　日本の所得再分配政策を，具体的な制度をもとに説明しなさい。

Key Word：生活保護制度，年金制度，税制

COFFEE BREAK

●官の責任と民の責任

行方不明になった年金，薬害など，政府の責任が問われることが多くなっています。

この場合，政府の責任とは，民間部門で発生した損失を補償することです。もちろん，責任者の謝罪や罰則の適用も求められるでしょうけれど，具体的な対応は補償ということになります。

このような，政府が原因である社会的あるいは個人的な損失には，行政当事者の違法行為によるケースと，政府が整備しているシステムが不備な場合とがあります。特に対応が難しいのが後者のケースでしょう。

つまり，政府がどこまでリスクを把握し，どこまでリスクに備えなければならないのかということです。

これを高く設定すれば政府支出の拡大をもたらす要因となり，ひいては税負担の増加をもたらします。また低く設定している場合でも，司法において政府の責任が認定されれば，先のように政府が補償しなければなりません。この場合も，国の補償のための財源は国民の負担です。

大きくは災害に対する備え，地域では公園の管理まで，行政への期待は拡大することはあっても小さくなることはありません。特に，2011年の東日本大震災を経験し，今後も巨大な地震が予想されている今日，災害への対策は重要な課題になっています。公的な整備の必要性が高まっていると同時に，民間での備えについても具体的な検討が求められています。

そのための負担をどのように分け合うのかは，国民（住民）全体で考えなければいけません。

第4章 経済安定機能

「経済はその時間的な流れの中で，好況期と不況期が発生することは避けられない。本章では，このような好不況の波に対して政府が期待されてきた安定機能について述べる。そのためにまず，簡単な国民所得の決定理論と財政の及ぼす影響について解説する。」

4.1 国民所得の決定

● 需要と供給の均衡

市場での経済活動を基本とする体制のもとでは，需要と供給が一致する価格と量のもとで均衡が達成される。マクロ経済的には，供給は経済全体の産出量であり，需要を構成するのは消費，投資，政府支出といった支出項目である。

経済全体の需要と供給が一致して，均衡国民所得が決定される状況を示したのが**図4－1**である。図の横軸は一国全体の供給である総産出量，つまり国民所得（Y）を表している。

そして縦軸は，消費（C），投資（I），政府支出（G）からなる需要で

図4－1　均衡国民所得の決定

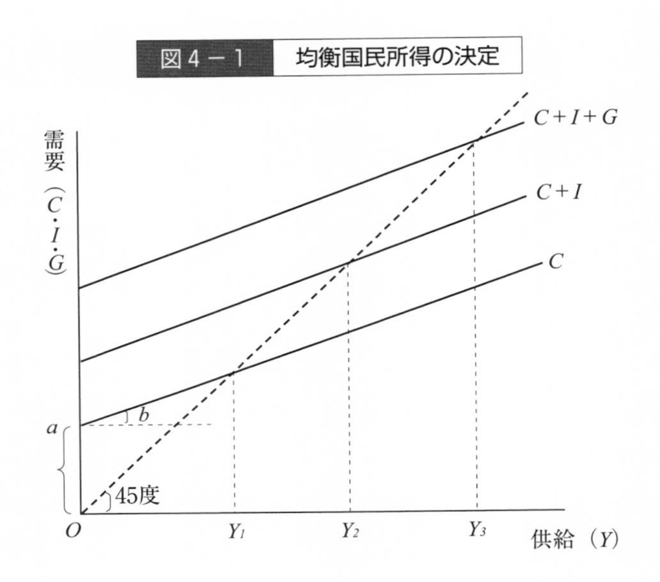

ある（海外取引は考慮しない）。需要項目のうち，投資と政府支出は国民所得とは無関係に決定されるものとする。一方，消費は国民所得が高まると増加する。そしてこの消費と国民所得の関係を表す次の式を消費関数と呼ぶ。

$$C = a + bY$$

aは，基礎消費であり，国民所得が0であっても一定の消費が必要であることを表している。そしてbは限界消費性向と呼ばれる係数である。つまり，国民所得が1単位拡大すれば消費はb単位増加する。

ここで，bは，0よりも大きく1よりも小さい値であることを示しておかなければならない。一国の経済を合算したマクロであろうと各個人の行動を把えるミクロで見ても，所得が増えればそのうちの一部を消費に充て，残りを貯蓄することになる。

いま，需要として消費のみを考慮すると，図の C で示される直線が供給（国民所得）に対応する需要の大きさを表している。そして，横軸と縦軸が等しくなる45度線と交わる点で，需要＝供給となり経済は均衡する。

つまり，

$$Y_1 = a + bY_1$$

である。いま，基礎消費 a を300，限界消費性向 b を0.75とすると

$$Y_1 = 300 + 0.75Y_1$$

となり，

$$Y_1 = 1200$$

と求められる。つまり均衡国民所得は1200であり，その全てが消費支出にまわされる。なお，限界消費性向 b の水準は実際のマクロ経済の長期的な動きから経験的に0.7から0.8程度であると言われている。

ここで，第二の需要項目として生産に用いられる設備機械の購入である投資 I を考慮する。

マクロ経済にとって投資は重要な要素であり，投資による供給能力の拡大が経済成長に結びつく。

この時，需要は $C + I$ となり，需要と供給が等しくなる均衡国民所得は Y_2 である。つまり，

$$Y_2 = C + I = a + bY_2 + I$$

となる。

先と同様に基礎消費 a を300，限界消費性向を0.75，そして I を200とすると，

$$Y_2 = 300 + 0.75 Y_2 + 200$$

となり，

$$Y_2 = 2000$$

である。

貯蓄と投資のバランス

家計の経済活動を考えると所得 Y は，消費 C に充てられ，残りは貯蓄されることになる。

つまり，

$$Y = C + S$$

である。

そして消費 $C = a + bY$ であるから，

$$S = -a + (1 - b)Y$$

と定義される。先に述べた消費のうち基礎消費（所得がゼロでも必要な消費量）a は，所得がゼロの時にはマイナスの貯蓄つまり貯蓄の取り崩しか借入れによって行われることを意味している。

そして所得が1単位増加する時に生じる貯蓄の増分は（$1 - b$）となり，これを限界貯蓄性向と言う。**図4－2**で示されるように，経済全体で需要と供給が一致する均衡国民所得のもとでは，

$$Y = C + I$$

と同時に，

図4－2　貯蓄と投資のバランス

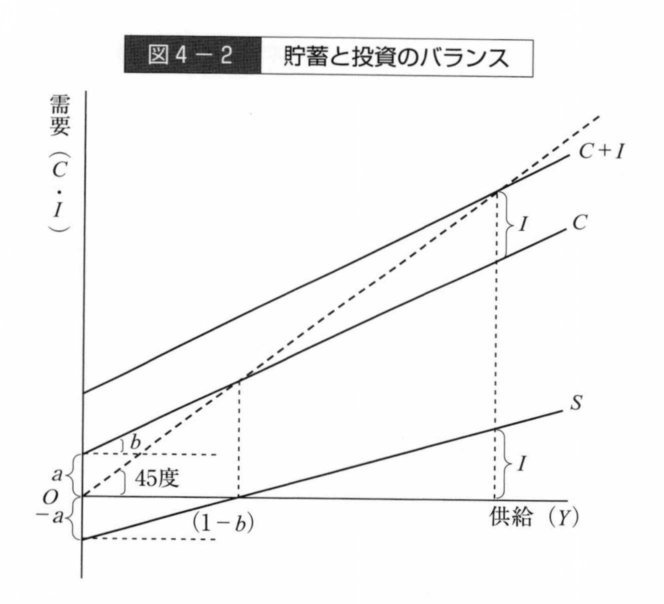

$$I = S$$

が達成されることがわかる。

次に政府部門を考慮する。政府は，経済全体の所得の中から財源として税 T を徴収し，政府支出 G を行う。

つまり，需要と供給のバランスは，図4－1で示されるように，

$$Y_3 = C + I + G$$

となり，同時に，所得の処分は，

$$Y = C + S + T$$

で表される。

２つの式で，消費支出 C は共通であるから，均衡国民所得のもとでは，

$$S + T = I + G$$

というバランスが達成されていなけれなならない。

ここで注意すべきは，このバランス式では，必ずしも，

$$S = I,\ \ T = G$$

である必要はないということである。

たとえば，$T < G$ との状況ものとでは，政府の財政収支は赤字になっているが，この収支差が $S > I$ のギャップと等しければ，

$$S + T = I + G$$

は達成されることになる。

同様に，海外との取引きである輸出 X と輸入 M を考慮すると，需給の均衡は，

$$Y = C + I + G + X$$

で達成され，所得の処分面では，

$$Y = C + S + T + M$$

となる。

先と同様に，この２つの式で共通になっているのは消費支出 C であり，均衡国民所得のもとでは，

$$I + G + X = S + T + M$$

が達成されている。

ここでこれまでの日本の状況を考えると，政府部門は赤字つまり $G >$

T，海外取引は輸出超過つまり$X > M$で，これだけでは左辺の方が大きくなる。一方，貯蓄と投資では$I < S$で政府部門，海外取引のアンバランスが相殺されてきたということである。

4.2　財政政策の効果

投資と政府支出の乗数効果

図4－1のケースでは，投資によって需要が200追加された時，均衡国民所得は（$Y_2 - Y_1$）で800増加した。

つまり，均衡国民所得は需要の増加分の4倍拡大していることになる。

これを**図4－3**を用いて説明しておこう。

均衡国民所得の増加分を$\triangle Y$を1とすると需要の増加分（ここではI）は（$1-b$）に相当することがわかる。

つまり，

$$\triangle Y = 1/(1-b) \times I$$

である。したがって，均衡国民所得の拡大は投資の$1/(1-b)$倍にな

図4－3　投資の乗数効果

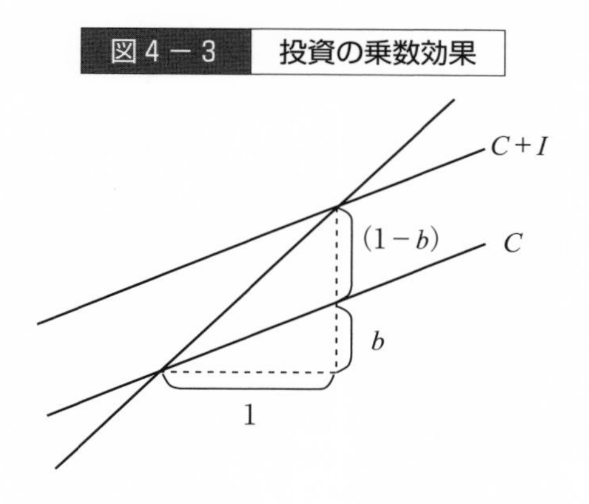

ることがわかる。限界消費性向bは$0 < b < 1$であるから$1/(1-b)$は1よりも大きく，この値のことを投資の乗数という。

先の数値例で$b = 0.75$としたが，この場合の乗数は4であり，200の投資支出が800の均衡国民所得の拡大をもたらす。

同じように，需要に政府支出Gを加えると，均衡国民所得はさらに拡大する。

需要は，$C + I + G$になり，均衡国民所得はY_3まで拡大する。そしてこの場合も先の投資の時と同様に政府支出Gの$1/(1-b)$倍，均衡国民所得は増加する。そして，この$1/(1-b)$が政府支出乗数である。

数式による乗数の導き出し方

投資の拡大による乗数を均衡国民所得の決定式から導き出すと以下のようになる。

まず，投資Iが増加する前の均衡国民所得Yは，

$$Y = C + I = a + bY + I \quad \cdots\cdots \quad (1)$$

である。投資が$\triangle I$だけ増加したときの均衡国民所得をY'とすると

$$Y' = a + bY' + I + \triangle I \quad \cdots\cdots \quad (2)$$

である。

(2)式から(1)式を引くと，

$$Y' - Y = b(Y' - Y) + \triangle I$$

となり，

$$(1 - b)(Y' - Y) = \triangle I$$

$$Y' - Y = 1/(1 - b) \times \triangle I$$

が求められる。つまり，$\triangle I$によって均衡国民所得はその（$1 - b$）倍，拡大するということである。

なお，需要の構成要素である政府支出Gの拡大も，投資Iの場合と同様の効果をもたらす。

完全雇用国民所得と均衡国民所得

経済全体の国民所得は，需要と供給が一致するように均衡が達成される。しかし，この均衡国民所得が，経済が有している労働力や設備などを全て活用した時に生み出される生産量である完全雇用国民所得と一致するとは限らない。

図4－4で，完全雇用国民所得Y_Fよりも小さいY_{E1}で需要と供給が均衡している場合には，経済の中に生産に用いられていない労働力や設備

図4－4　インフレギャップとデフレギャップ

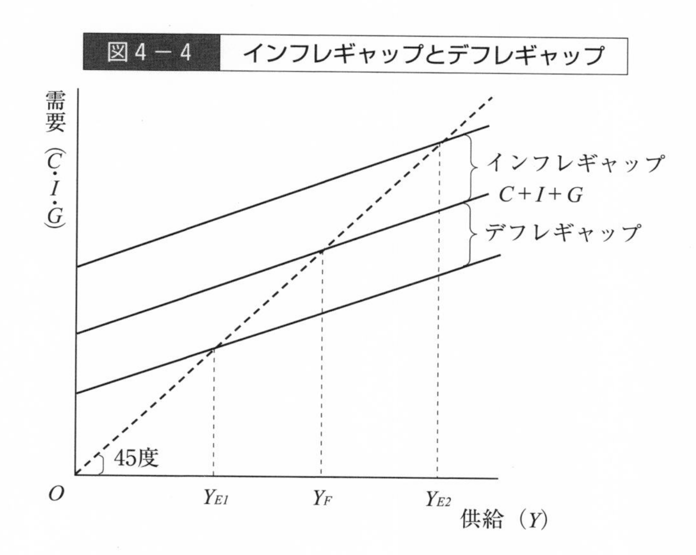

が存在している。つまり，失業が生じていることになる。完全雇用国民所得 Y_F と Y_{E1} の差を埋めるのに必要な需要量のことをデフレギャップと言う。

逆に均衡国民所得が Y_{E2} で完全雇用国民所得 Y_F を上回っている状況もある。この場合，経済の実態として可能な産出量は Y_F までであるから，需要が供給を上回っている分は，生産物価格の上昇，つまりインフレーションとなって表され，そして，Y_F をもたらす需要量と Y_{E2} で均衡する需要量との差をインフレギャップと言う。

完全雇用を達成するために，政府は政府支出 G を増減させることで，デフレギャップとインフレギャップを埋める。これを財政政策（フィスカルポリシー）と言い，財政に期待される第三の機能とされる。

● 増減税の考慮

ここまでの政府支出の拡大を通じた財政政策では，その財源については，考慮されていない。つまり，政府支出の拡大には政府による貯蓄からの借入れが充てられていることになる。

そこで次に，政府が税 T を増減させることによる効果を検討してみよう。

政府支出 G の増減とともに，財政政策の手段とされるのが減税または増税によって需要を調整することである。需要に影響を及ぼす税制の導入として代表的な形は，消費が税引き後の可処分所得から行われる，つまり消費関数が，

$$C = a + b(Y - T)$$

となることに着目したものである。税はこの可処分所得を変化させることで，需要に影響を及ぼす。

需要と供給が均衡する状態では，

$$Y_1 = a + b(Y_1 - T) + I + G$$

である。いま，税 T を $\triangle T$ だけ引き下げる減税を行うと，

$$Y_2 = a + b(Y_2 - T + \triangle T) + I + G$$

になる。そして両式の差（$Y_2 - Y_1$）が $\triangle T$ の減税による効果である。

これは，

$$Y_2 - Y_1 = b(Y_2 - Y_1 + \triangle T)$$
$$Y_2 - Y_1 = b(Y_2 - Y_1) + b \cdot \triangle T$$
$$(1 - b)(Y_2 - Y_1) = b \cdot \triangle T$$
$$Y_2 - Y_1 = b/(1 - b) \cdot \triangle T$$

と，求められ，$\triangle T$ の減税によって，均衡国民所得は $b/(1 - b)$ 倍拡大することになる。このとき，$b/(1 - b)$ が減税による乗数である。

限界消費性向 b が，0.5よりも大きければ，均衡国民所得の拡大は減税の規模である $\triangle T$ よりも大きくなる。

● 均衡予算乗数

次に，政府が借入れによって支出の拡大や減税を行うのではなく，支出の増加と同額の増税を行う均衡予算での財政政策のケースを考えよう。

まず，政策を行う前の均衡国民所得 Y_1 は，

$$Y_1 = a + b(Y_1 - T) + I + G$$

である。そして，$\triangle G$ の政府支出拡大と $\triangle T = \triangle G$ の増税を行った後の均衡国民所得 Y_2 は，

$$Y_2 = a + b(Y_2 - T - \triangle G) + I + G + \triangle G$$

となる。

両辺の差（$Y_2 - Y_1$）を求めると以下のようになる。

$$Y_2 - Y_1 = b(Y_2 - Y_1) - b \cdot \triangle G + \triangle G$$
$$(1 - b)(Y_2 - Y_1) = (1 - b)\triangle G$$
$$Y_2 - Y_1 = \triangle G$$

このことから，政府支出と税を同額拡大する均衡予算乗数は1であることがわかる。

4.3 日本の財政政策

● ケインズ政策の継続

イギリスの経済学者ケインズは，労働力市場では，その価格である賃金に下方硬直性があり，そのために不況時には賃金の下落による需給の均衡は達成されず，失業が発生すると指摘した。そしてその失業を解消するために政府が有効需要を創出して経済全体の需要を拡大する必要があると主張した。これが，いわゆるケインズ政策であり，4.1で示したモデルではGの拡大で表される。

日本では，長く均衡予算主義がとられていたが，1965年に初めて国債が発行される。その後，1973年のオイル・ショック後の不況対策で1975年度以降再び財政収支は赤字基調となり，75年以降は公共投資のための建設国債だけではなく多額の赤字国債（特例公債）が発行されるようになる。

90年頃のバブル期には赤字国債からの脱却をいったん達成するものの，バブル崩壊後の長期不況の中で財政政策への期待が拡大し，近年までずっと財政収支の赤字が継続する。

このように1970年代から日本では，ケインズ政策が景気対策の中心であった。そして日本の場合の政府支出拡大は，いわゆる公共投資と区分される建設事業に充当されることが多かったという特徴を持っている。

また，過去の日本の公共投資は，財政投融資制度の資金を利用して行われることもあった。また，財政投融資の資金による公共投資と区分するために国債発行による公共投資を“真水（まみず)”と表現することもあった。

表 4 − 1　1990年代における経済悪化期の公共投資

国	年	国内総固定資本形成	うち政府（a）	名目 GDP（b）	（a）/（b）（%）
日本	1992	143,141	37,041	471,021	7.86
	1993	139,232	41,344	475,381	8.70
	1994	136,428	40,435	479,260	8.44
アメリカ	1990	9,910	2,525	57,438	4.40
	1991	9,390	2,005	59,167	3.39
	1992	9,925	2,091	62,444	3.35
イギリス	1990	114,314	28,109	582,946	4.82
	1991	104,680	24,315	606,582	4.01
	1992	100,278	18,227	637,817	2.86
フランス	1992	14,054	2,423	69,995	3.46
	1993	13,114	2,415	70,771	3.41
	1994	13,321	2,414	73,897	3.27
カナダ	1990	140,996	19,246	683,239	2.82
	1991	130,343	19,209	698,544	2.57
	1992	127,045	18,836	698,544	2.70

備考）金額は各国通貨。日本：十億円，アメリカ：億ドル，イギリス：百万ポンド，フランス：億フラン，カナダ：百万カナダドル。

資料）日本銀行国際局『日本経済を中心とする国際比較統計』1999年。

表４－１は，日本ではバブル崩壊後，欧米諸国では，90年頃からの経済が悪化していく時期の公共投資の推移を見たものである。日本は，もともと公共投資（政府による固定資本形成）の対 GDP 比が，先進国の中では際立って高かったのであるが，その拡大が行われていることがわかる。これに対して表に示した各国では，むしろ縮小傾向さえ見られる。ただ，不況期には，失業給付などの支出が拡大し，経済悪化に対して政府が対応をしないということではない。

2000年以後の景気対策

日本では1990年頃のバブル期以前から，87年の「日米構造協議」に基づく内需拡大政策が展開されていたこともあって公共投資の規模は拡大されていた。その後の景気悪化期には景気対策としての公共投資が続けられたことは上に見たとおりである。その後，減税も含めた景気対策としての財政政策は1998年，99年と大規模に展開される。2000年代に入り，政府の財政運営は大きく転換する。つまり，郵政民営化に象徴される，一連の政策の中で，公共投資依存型の経済政策から，民間主導の経済活性化へと舵が切られたのである。

財政構造改革という目標のもとでの景気対策としての公共投資の縮小はさまざまな議論を呼んだ。ケインズ的な財政政策を否定する立場からの主張はおおむね次の２つに集約できよう。

第一は，あまりにも拡大した公的債務への懸念である。拡大する公債費（利払い＋償還）は長期的な財政運営の持続性を危うくし，また，特に経常経費に充当される赤字（特例）公債や生産性の向上に結びつかない公共投資の継続は，結局は将来世代に大きな負担を残すものであり，歯止めが必要とされる。

そして第二は，政府支出の拡大による乗数効果を通じた国民所得拡大の効果が薄れてきているという指摘である。国債によって資金調達された政府支出を拡大しても，それによってもたらされる第一次的な所得が消費に反映されない，つまり追加的な所得からの限界消費性向が0に近く，結果的に1兆円の政府支出の増加が1兆円のGDP拡大にしかつながらないということであれば，本来期待される財政政策の効果は得られていないことになる。ただし，この場合でも政府支出がGDPを1兆円押し上げる，いわゆる“下支え”としての効果は現れている。

一方，限界消費性向が0に近ければ，減税策は需要の拡大には結びつかず，公的債務の拡大のみをもたらすことになる。国民が，国債発行による財政政策は将来の増税に結びつくと予想すれば拡大する可処分所得は貯蓄に回され，景気対策としての財政政策の効果は打ち消される。このような

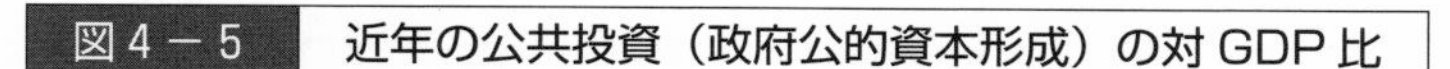

図4－5　近年の公共投資（政府公的資本形成）の対GDP比

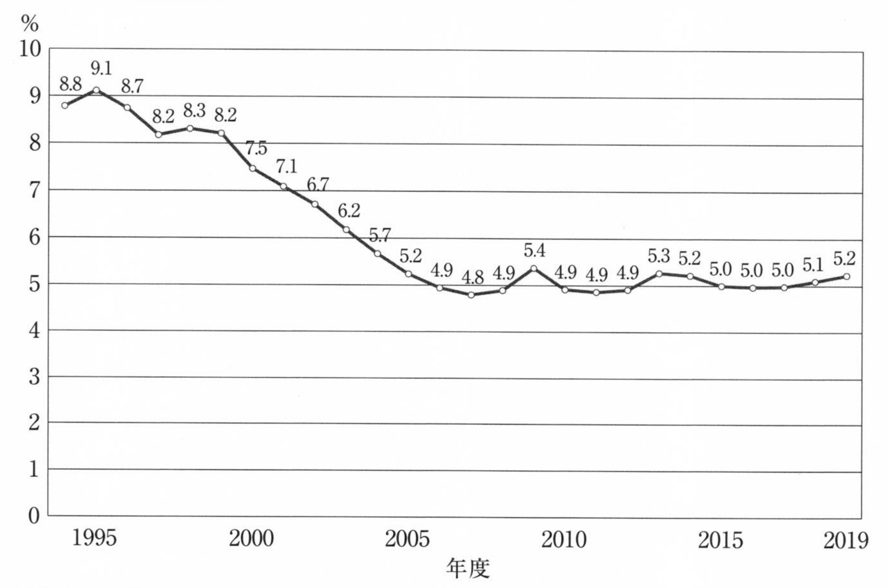

資料）内閣府『2019年度国民経済計算』。

考え方を“公債の中立命題”と呼ぶ。

これとは反対に，ケインジアンと呼ばれるグループは，財政政策の必要性を主張する。このグループは，日本の国債，地方債が海外からの資金に依存しているわけではなく，国内の資金の振り替えであることから，その拡大を問題視する必要はないとする。また公債発行による政府支出拡大によって懸念される民間利子率の上昇（クラウディングアウト）も生じていないとして，下支えとしての需要拡大策を重視すべきと主張するのである。

2000年代に入り，小泉政権下のもとでの基本的な財政運営では，財政収支赤字の縮小が目標に掲げられた。公共投資についても対前年度比でマイナスとする数値目標を掲げた予算が組まれ，**図4－5**で示されるように，公共投資（政府公的資本形成）の対GDP比は4％台にまで低下する。そしてその後は2019年度まで5％台で推移してきている。

EXERCISE

Q　財政支出の増加を増税で賄った場合と国債発行で賄った場合に国民所得にどういう影響をもたらすかを本文のモデルを使って考えなさい。

Key Word：均衡国民所得，乗数

第5章 地方財政

近年，地方分権，三位一体改革，地域間格差の是正といったキーワードがメディアによく登場する。また，国と地方の債務残高も年々増加しているという。それらは，どれくらい差し迫った状況なのだろうか，なぜそのような状況に陥ったのだろうか。
本章では財政に関わる国と地方との構図について，データをもとに現状やこれまでの状況を理解するとともに，税財政制度と国の政策に関する歴史的流れや国と地方の財政システムについて整理する。

5.1 国と地方の役割

国と地方の財政

国と地方は，財政運営においてしばしば車の両輪にたとえられる。日本は国際的に見て財政支出全体に占める地方歳出の割合が高く，人々の生活に地方財政は密接に関連している。ただし地方財政と一言で言っても，個々の地方公共団体は地理的，社会経済的にもさまざまな特色を持っており，人口が1,000万人を超える東京都から数百人の町村まで多様である。

地方財政という場合，地方公共団体（地方団体）の集合体として捉える場合もあるし，個別の団体の財政を指す場合もある。各地方団体は，それぞれが独自に予算を作成し財政運営に当たるが，現状では，地方の行財政の多くの部分は国の法律によって定められており，歳入面でも国からの移転財源に多くを依存している。

以下では，データをもとに現状とこれまでの推移を理解するとともに，地方の税財政制度と国の政策に関する歴史的流れと現在のシステムについて整理する。

国と地方の役割分担

国と地方は，様々な財政活動を行っている。**図5－1**は，目的別経費に占める国と地方の支出割合を示している。縦の方向に見ると，各グラフの白い部分が国の割合，グレーの部分が地方の割合である。横の方向（棒グラフの太さ）を見ると，それぞれの費目が歳出総額に占める割合を示している。

合計（純計）のグラフを見ると，国と地方は4：6の割合で地方の支出が多いことが分かる。衛生費や学校教育費などはほぼ9割が地方の支出となっており，その役割が大きいことが示される。逆に，防衛費や年金関係などは国の支出割合がほぼ100％である。

図5－1　国と地方の役割分担

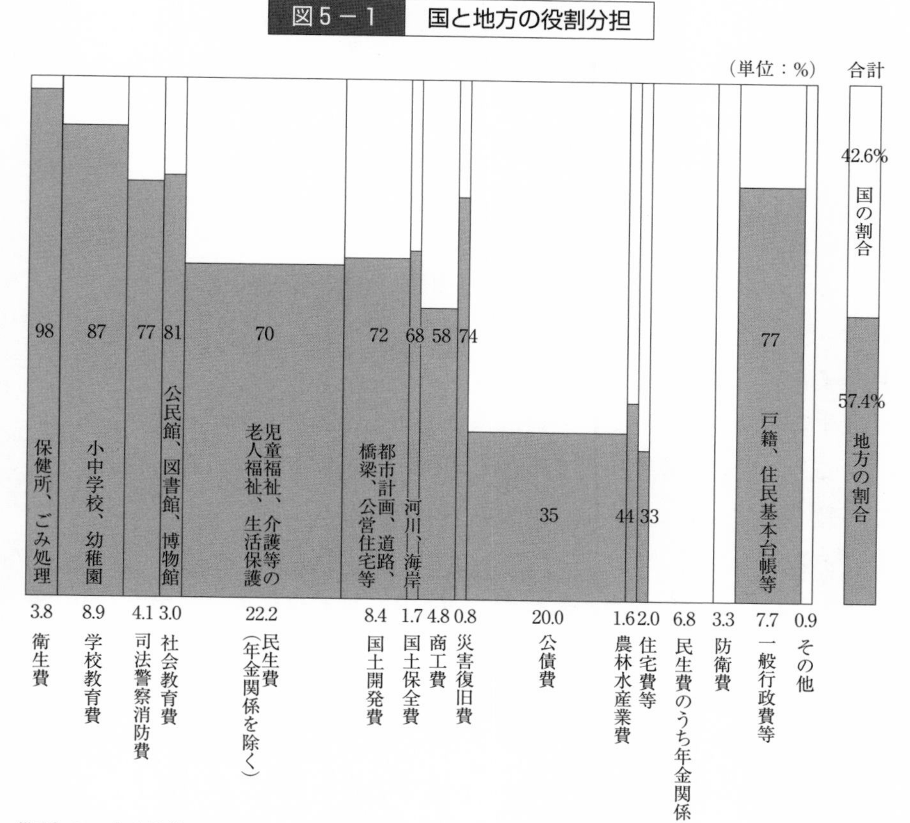

備考）2019年度決算ベース。
出所）総務省「地方財政の状況（令和3年3月）」。

5.2 地方の歳入

国と地方の歳出入の関係

国と地方の歳出入関係について，詳しく示したものが**図5－2**である。地方の財政活動のための資金は，地方財政計画として見積もられるが，これは，全ての都道府県や市町村において，翌年にどれくらいの租税収入が見込まれるか，どれくらい支出しなければならないかという額を積算して作成するものである。地方の財源には国からの資金移転が大きな割合を占めており，国の予算を決定するのと同時にこの地方財政計画も策定される。

各地方団体の主な歳入は，地方税や地方交付税，国庫支出金，地方債などである。

地方税には道府県税と市町村税とがあり，前者は都道府県民税と事業税が占める割合が，後者は固定資産税と市町村民税が占める割合が大きく，それぞれ2つずつの基幹税を持っている。

地方交付税は，歳出に必要な額よりも来年度見込まれる税収が少ない地方団体に分配される資金である。国の税金として徴収した所得税，法人税，酒税，消費税の2割から5割と地方法人税の全額を主な原資とし，使途に制限はない。

国庫支出金も国から地方へ配分されるものであるが，使途に制限がある。そのうち，国政選挙や政府統計調査を実施する際に必要な経費を国庫委託金と呼び，義務教育や生活保護など国と地方が経費を分担して事業を行っている場合に支払われるものは国庫負担金と呼ぶ。また，一定基準を満たす地域や事業に対して配分される補助金や交付金，補給金をまとめて国庫補助金と呼ぶ。それら3つの総称が国庫支出金である。

このように，地方の支出が多いにもかかわらず，地方に入ってくる税金が少ないため，国から地方へ移転財源が配分されているのである。それならば，地方交付税や国庫支出金を極力減らし，地方税が増えるように税財政システムを再構成すればよいのではないだろうか。つまり，それが三位一体改革である。

地方の税収

三位一体改革における国から地方への税源移譲によって，2007年度からは国税である所得税が減り，地方税である個人住民税（所得割）の負担額が増えるようになった。総額では３兆円の税源移譲が実施されたが，個々人の税負担の合計額は変わらないように設定されている。しかし，各地方団体は人口構成や産業構造，地形や気候などがそれぞれ異なっており，地方税収には地域間で大きな開きがある。税源移譲によって地方税の規模が大きくなれば，ますますこの格差が広がるかもしれない。

図５－３は，2019年度における都道府県別の１人当たり地方税収を比べたものである。地方税全体でみると，東京と長崎県とでは2.4倍の開きがある。市町村の税収として大きな割合を占める個人住民税と固定資産税も，１人当たり税収額の多い地方団体と少ない地方団体とで比べると，２倍以上の開きがある。都道府県の税収として割合が高い法人二税（事業税，法人住民税）は６倍近い開きがある。

地方消費税とは，国税である消費税と一緒に納めている消費税である。我々が普段納めている消費税10％のうち，7.8％は国に，残り2.2％は地方に納付されている。地方消費税は本社が立地する地方団体に納付され，実際に消費された地域に納められないことがあるため，清算して各地方団体に配分し直す。清算後の地方消費税の地域間格差は比較的小さくなっていることがわかる。

こうした地域間の税収格差を縮めるために，移転財源などが大きな役割

図５－２　国と地方の財政関係（2019年度当初予算ベース）

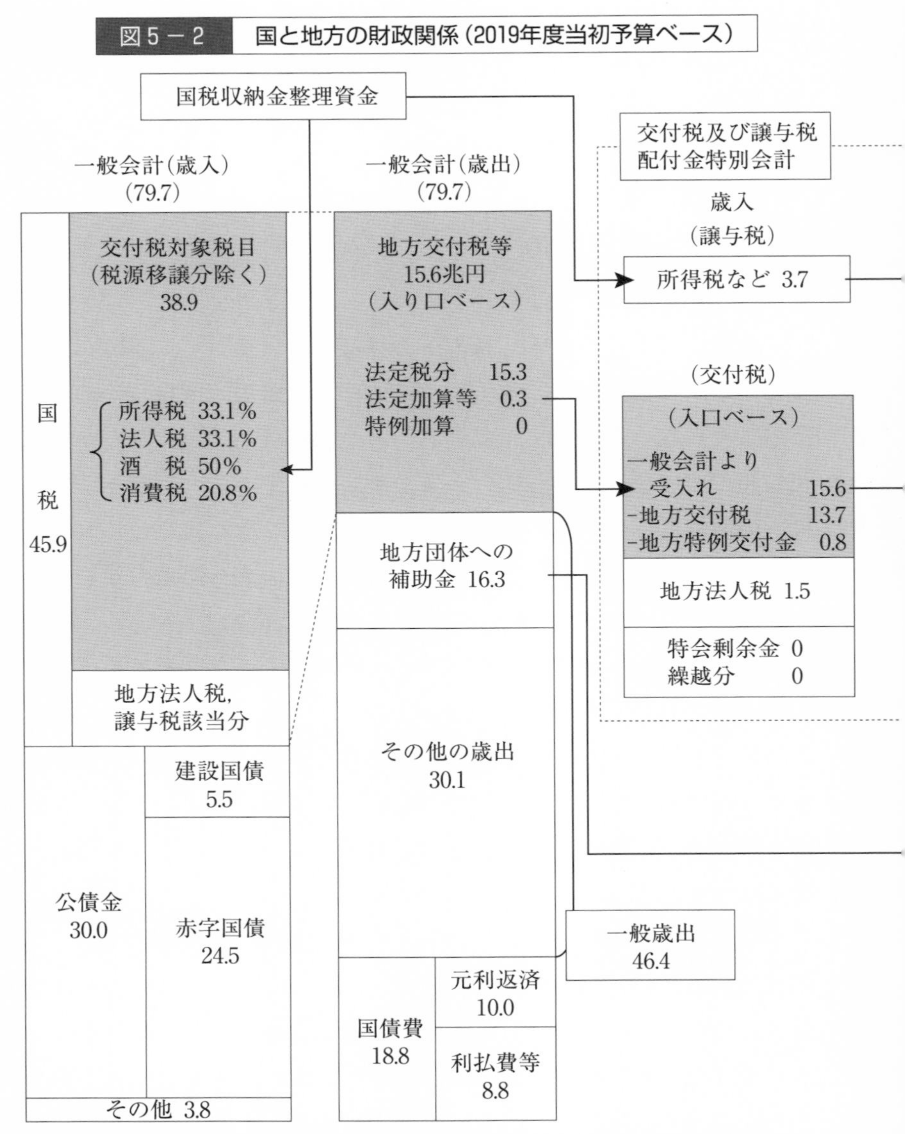

出所）『財政制度等審議会 財政制度分科会資料（令和２年度地方財政計画）』等より作成。

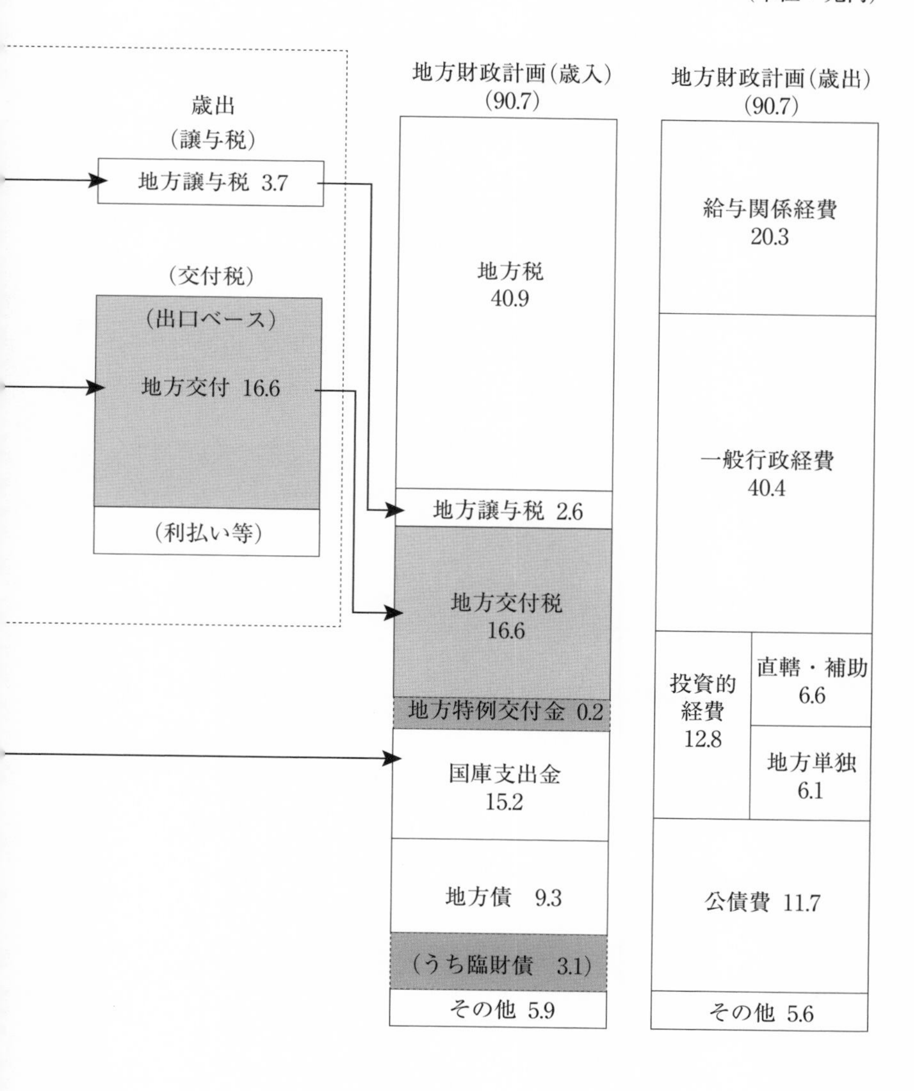
（単位：兆円）
歳出
（譲与税）
地方譲与税 3.7
（交付税）
（出口ベース）
地方交付 16.6
（利払い等）
地方財政計画（歳入）
（90.7）
地方税
40.9
地方譲与税 2.6
地方交付税
16.6
地方特例交付金 0.2
国庫支出金
15.2
地方債　9.3
（うち臨財債　3.1）
その他 5.9
地方財政計画（歳出）
（90.7）
給与関係経費
20.3
一般行政経費
40.4
投資的
経費
12.8
直轄・補助
6.6
地方単独
6.1
公債費 11.7
その他 5.6

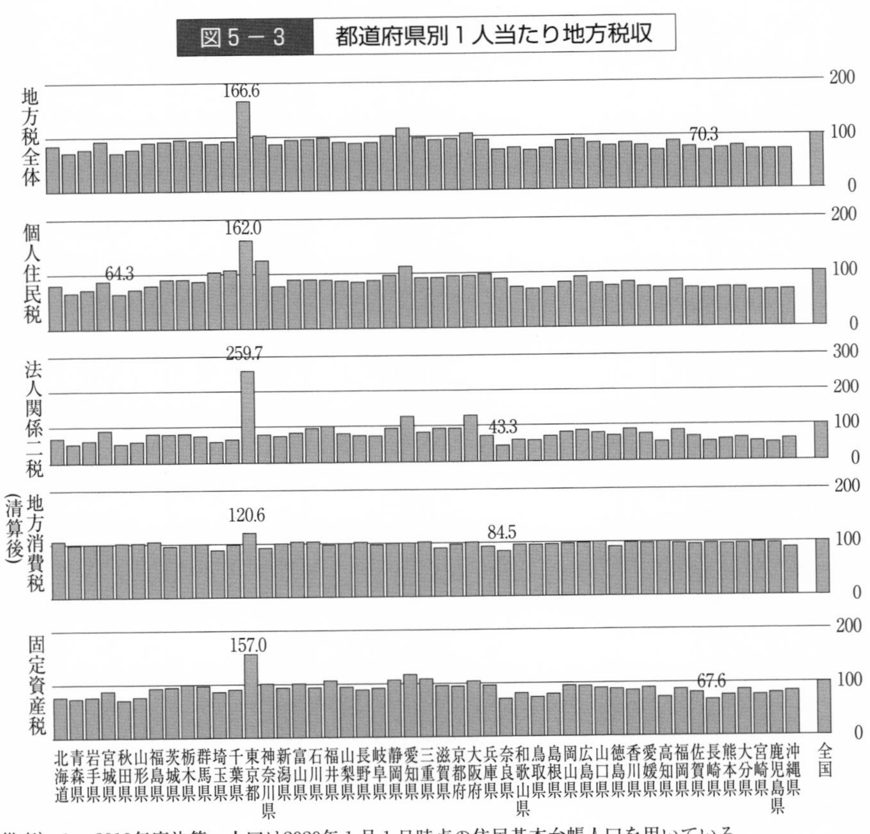

備考）１．2019年度決算，人口は2020年１月１日時点の住民基本台帳人口を用いている。
　　　２．全国平均を100とする。
出所）総務省「地方財政の状況（令和３年３月）」より転載。

を果たしてきた。

地方の債務

　地方は税と国からの資金移転のほかに，地方債を発行することによって財やサービスを提供することができる。地方債とは，大規模な事業などを行う際に発行するもので，政府資金や銀行引受け，市場公募によって資金を調達する。地方債を発行することで，建設年次のみに大きな財政負担がかからず，将来便益をうける世代にも負担を求めることができる。

地方債の発行は，2005年度まで国（市町村は都道府県）の許可を受けて発行する許可制が取られており，国の予算を作成する際に作られる地方債計画などに沿って，起債が許可されてきた。この地方債の発行は，2000年度の地方分権一括法に基づいて，2006年度より事前協議制へと移行しており，起債に対する責任や判断は各地方団体へ任されることになった。

このように地方債を発行し，借入れを行うことで地方団体は財政活動を行ってきたが，近年では，**図5－4**で示されるように借入金残高の大きさが問題視されている。2019年度決算額では，地方には192兆円の借入残高がある。1975年時点は14兆円程度であったことから，半世紀近くで14倍の

図5－4　地方団体の債務残高

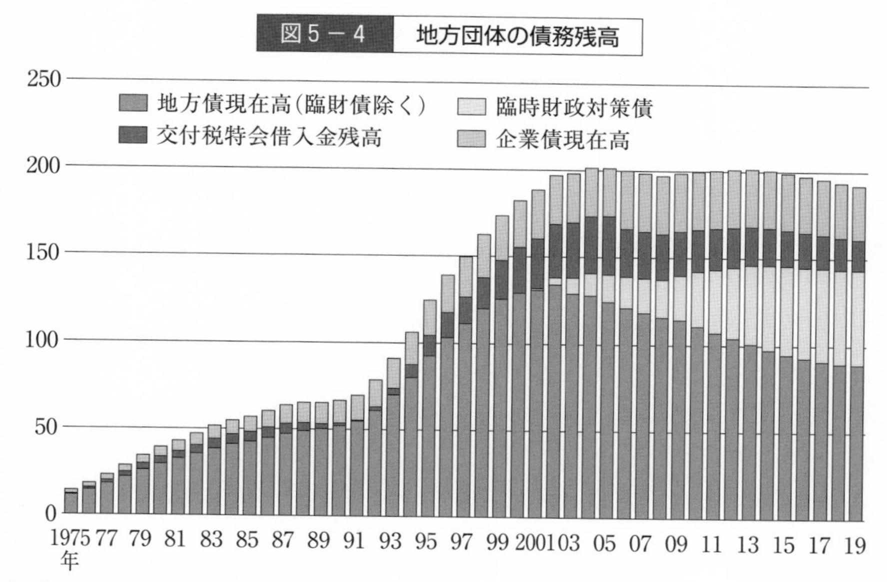

資料）総務省編『地方財政白書』各年度版等より作成。

残高になっている。

とりわけ，地方債現在高は1990年以降に増加した。それらの多くは単独事業によるものであった。公園や各種施設など，地方が独自に建設・整備を行うために起債されてきた。2001年以降，この地方債現在高には，臨時財政対策債（以下，臨財債）も含まれている。これは，地方交付税の原資が不足する場合に，国と地方とで不足額を折半してねん出する際に発行される地方債である。その元利償還金は後年度に地方交付税の基準財政需要額に算入（交付税措置）される。2019年度時点で地方債現在高の６割を占めている。

交付税及び譲与税配付金特別会計（以下，交付税特会）の借入金残高は地方交付税として配る資金が足りない際に行われた借入れの残高である。前述のように，地方交付税は各地方団体にとって必要な額が税収などで賄えない際に配られる資金であるが，原資は国税の一部である。

そのため，年によっては国税収入が少ない場合があり，原資が足りなくなる。その際，交付税特会が財政投融資の資金運用部資金から短期資金等を借り入れてきた。しかし，償還財源も不足している場合には償還を借り換え，新たな借入金も追加されてきたため残高が累増してきた。2007年に新規借入れを全面的に停止し，近年この一部が臨財債に置き換わった。

企業債は，下水道や上水道，ガス事業や病院など地方公営企業の施設・設備の整備のために発行されたものである。もともとは，公営企業金融公庫が財政投融資や民間資金などから資金を調達し，公営企業に融資していた。公営企業は事業の料金収入などが主な資金源であり，それをもって償還財源に充てられることになっているが，料金収入の増加が見込まれなかったり，維持補修・改良の支出が増えたりして未償還額が累積した。公営企業金融公庫は，近年では地方債（普通会計債）へも融資していたが，2008年度に廃止され，地方団体が共同で資金調達する地方公共団体金融機構が設立された。

5.3　地方の税財政制度と国の政策

1960年代の税財政制度と政策

地方団体間の格差は，なぜ拡大したのだろうか。それに対して，政府はどのような政策を行ってきたのであろうか。また，それにより地方は何を得て，何を抱えることになったのであろうか。

以下では，戦後の日本について大きく6つの年代に分けて概観する。

1950年代後半から続く好景気により，地方団体は比較的安定した税収を見込めるようになった。1960年に出された「国民所得倍増計画」は，外貨獲得を手段として国民所得を倍増させ，雇用の拡大を図り，失業問題を解決することで生活水準を引き上げることを目的としていた。その過程において地域間や産業間の所得格差の是正も図ろうとしていた。

しかし，実質的には産業基盤の強化に重点が置かれた社会資本整備となり，特に太平洋ベルト地帯に位置する四大工業地帯に集中投下された。このような地域格差に対する批判から1962年には「全国総合開発計画」が策定され，「地域間の均衡ある発展」も政策課題に加えられた。これ以降，均衡発展，ひずみ是正がキーワードとなり，大都市の生活関連社会資本整備が行われた。

この間の財政状況は，経済成長に伴い税収も伸び，再建指定を受けた赤字団体がなくなった。しかし，1960年代半ばからは不況となり，65年度の国の予算では歳入の15%相当の建設国債が発行され，地方においても地方債が発行された。

1970年代の税財政制度と政策

1969年に閣議決定された「新全国総合開発計画」に基づき，点的な整備から線的・面的な整備が重視され，新幹線や高速道路，国際空港，国際港湾，大規模工業基地を始めとする大規模プロジェクトが進められた。これらの財源は，好景気による自然増収と，戦後初めて発行された赤字国債や建設国債によるものであった。

一方で，住民の個別利用的な行政需要が高まり，住宅環境整備や文教施設整備，福祉の拡充政策が行われるようになった。住民に身近な行政需要は，前年度までの行政サービス水準を切り下げると大きな反対が出やすいため，特に福祉・文教施設整備は拡大の一途を辿った。また1975年以降は石油危機後の景気浮揚策として，企業に対する省エネルギー・省力化支援も増大した。

それらの財源は大規模な国債増発と財政投融資によるものであった。国債や国庫支出金は主に生活基盤投資に，財政投融資資金は，農地開発，住宅都市整備，社会福祉や交通施設整備に関わる公団，事業団へ向けられた。地方団体で不足する財源の補填は地方交付税の増額によったが，結果として交付税特会が借入れをすることになった。地方の財政も悪化し，地方債への依存度が10%を超していた。また，この時代からは特例国債が発行され，国の公債依存度も約30%に達した。なお，増発された国債の引受先も財政投融資であった。

1970年代後半からはアメリカ経済が回復し，外需依存型の加工組立型産業が好調となった。一方で内需依存型の生活関連産業は斜陽となる。これにより，太平洋ベルト地帯に多く立地する前者の産業と，後者の産業を多く抱える地域とで税収格差が拡がった。とりわけ，事業税を主財源とする都道府県間においてその格差が拡がった。この格差是正のために地方交付税が大きな役割を果たしたが，財源の一部はますます交付税特会による借入に依存することになった。

この時期は，大規模開発による環境破壊や地価暴騰等が生じた。それゆえ，1977年に出された「第三次全国総合開発計画」では定住圏構想，大平内閣では田園国家構想が示され，国民福祉の充実が目標となった。

1980年代の税財政制度と政策

1981年に発足した第2次臨時行政調査会は「増税なき財政再建」などをスローガンとして掲げ，歳出総額を抑制した。しかし，福祉や教育関連の公共事業は削減されたが，防衛費や経済協力費，エネルギー対策費は増強された。行政事務は地方に転嫁され，公共事業では補助事業が削減されて地方単独事業の比率が高まった。それらの財源は，主として地方債と地方交付税であった。その後，交付税特会の借入れがいわゆる「隠れ借金」であるとして批判が高まり，国税・地方税とも自然増収となり始めたことから，1984年度に借入れは停止されることになった。

また，それまでの輸出依存型の産業構造による貿易不均衡を解消することが海外から求められ，輸入促進とともに内需の拡大も急務となった。その柱として民間活力の導入が謳われ，1986年には，「民間事業者の能力の活用による特定施設の整備の促進に関する臨時措置法（民活法）」が制定された。これは主に都市部の開発を企図したものであった。

翌年の1987年には，「第四次全国総合開発計画」が閣議決定されると同時に，地方の開発を企図した「総合保養地域整備法（リゾート法）」が制定され，投資先を探していた民間にとっては好都合の政策となった。しかし地方圏では，大半の国民には利用できないような高級リゾ－ト地の開発によって自然環境は破壊されていった。一方，都心部では投機目的の土地取引が拡大し，地価の高騰が引き起こされた。

またこの時期，地方交付税の目的の変容が見られ始める。地方交付税は，財政力格差の是正と財源保障を目的として配付されていたが，「個性化支援」の財源としても用いられるようになった。1988年度からふるさと創生事業関連の施策が始められ，同時にハードインフラの建設に対する事業が促進された。事業費は地方債で充当されるようになる。その元利償還金は地方交付税制度を利用して負担が軽減される仕組みになっていた。

1990年代の税財政制度と政策

1990年度には高齢者の保健福祉を推進するゴールドプランが策定され，政府の示す枠組みに沿った事業を行えば，ハードインフラ建設のための地方負担は大幅に軽減される措置が講じられた。しかしその後，バブルの崩壊に端を発する平成不況となる。国・地方とも税収は落ち込み，ほぼ毎年度景気浮揚対策が出され，公共事業が前倒しされた。それらに対しても，地方債と地方交付税を組み合わせた財源措置が講じられた。

1998年には「21世紀の国土のグランドデザイン」が出された。東京や太平洋ベルト地帯への一極一軸集中に対する反省から，広い圏域に個性的な地域が存立する多軸型の国土形成が重要であることが述べられた。多自然居住地域の創造や大都市のリノベーション，アジア・太平洋地域を視野に入れた交通・情報基盤整備の必要性が述べられ，大型公共事業を助長させる計画となった。

1997年には財政構造改革が進められるが，経済情勢の悪化から翌年以降は景気対策を優先させる。この間の積極財政により，国と地方の債務残高は600兆円を超し，GDP に占める割合が120%となった。地方交付税の財源は，1997年の消費税率の引上げに伴い地方交付税率が上がり，法人税の地方交付税率は1999年に32.5%，2000年に35.8%となった。

2000年代の税財政制度と政策

2000年度に施行された地方分権一括法により，地方の行政は自治事務と法定受託事務に区分されるようになり，地方に対する国の関与が見直された。しかし，この分権改革は主として行政の枠組みに関するものであり財政の構造改革への取り組みは不十分という批判もあった。

2001年度から，経済財政運営に関する基本方針が出されており，不良債権処理に取り組むことや，国債発行額30兆円以下を目指し，プライマリーバランスを黒字化することなどが謳われた。「国から地方へ，官から民へ」がスローガンとされ，規制改革，構造改革特区の設置，指定管理者制度や市場化テストの導入が進められた。2004年度以降は三位一体改革が本格始動し，国庫補助負担金，地方交付税，国と地方の税源配分に関して改革が進められた。

2008年には，これまでの全国総合開発計画に代えて「国土形成計画」が策定され，人口減少と東アジアの台頭を鑑み，広域ブロックで多様な主体が協働する社会を目指すことが記された。環境問題や国際情勢，人口構成やライフスタイルの変化に伴い，画一的な一極一軸型の国土構造から，地域の個性を活かした安全で安心できる美しい国土へ再構築する必要性が述べられている。そのためには，維持補修や管理，利活用に重点を置いた，国土の総合的なマネジメントを重視すべきと記されている。

2000年代半ばにかけて景気は緩やかな回復基調にあったが，国，地方ともに財政状況の改善の兆しは見られなかった。2001年度から2003年度までの交付税特会借入金の償還は2007年度以降に繰り延べられ，交付税の財源不足額の大半は，国と地方で折半することになった。国負担分は一般会計から加算され，地方負担分は臨時財政対策債の発行により補填された。2005年度時点の国の長期債務残高は500兆円を超し，地方の残高も200兆円を超した。それらがGDPに占める割合は200%を超しており，主要先進国の中では最悪の水準となっている。

2010年代の税財政制度と政策

2010年代の初頭において，デフレ脱却などの本格的な景気回復は相変わらず大きな課題であった。これに対して，第２次安倍内閣は，「大胆な金融政策，機動的な財政政策，民間投資を喚起する成長戦略」の３本の矢からなる経済政策（アベノミクス）で取り組む。

人口減少は，2010年代に確実のものとなる。人口減少対策は，2014年の「日本創生会議」による消滅可能性都市の考え方をきっかけにして，2060年に１億人程度の人口を維持することを目標（長期ビジョン）とした「第１期まち・ひと・しごと創生総合戦略」（2015年度から2019年度）が策定され，地方創生事業として実施される。地方公共団体では，これに対応して，地方版総合戦略を策定する。

2011年には東日本大震災が発生し，その後も，豪雨や台風，地震の被害が各地で相次ぐ。このような災害列島に対するリスクへの取り組みとして，2014年には国土強靭化基本計画が策定される。

2015年には，人口減少，地方創生，経済成長への取り組みを掲げた国土計画として，「第２次国土形成計画」が決定される。

税財政の改革でも，地域間格差の是正は大きな課題であった。地方交付税では，消費税・地方消費税の税率引き上げのタイミングに合わせた地方交付税率の変更に加えて，地方法人税が原資に加えられ（2014年度），たばこ税の原資からの除外と酒税の交付税率の変更（2015年度）なども行われた。

さまざまな課題に対処するために積極的な財政運営を行ってきたといえるが，その結果，プライマリーバランスの黒字化は先送りされ，国と地方の長期債務残高は，2014年度末に1,000兆円を超え，2019年度末には1,117兆円となった。

EXERCISE

Q　国から地方へ流れている資金を整理し，これらの資金の流れが三位一体改革によってどのように変化したかを説明しなさい。

Key Word：移転財源，地域間格差，三位一体改革，地方分権

COFFEE BREAK

●地方分権の明と暗

1990年代から地方分権の推進が大きく注目されました。地方分権は，都道府県や市町村が国のコントロールを受けることなく，自由に行政の内容が決められるということです。この点だけを取り上げると，地方分権が実現すれば，それぞれの地方の行政は住民の好みに合ったものにできるわけですから，世の中はそちらの方向に進むはずです。ところが日本では，50年以上前から地方分権の必要性が主張されてきたにもかかわらず，むしろ地方の国への依存は強まってしまいました。国と地方の間での税収配分もよく議論されます。つまり，支出面では地方が6割を占めているのに税収は4割しか地方に入っていないというものです。税収が国と地方で5対5の割合になるまで地方に税源移譲すべきと言われます。しかしこれで，地方分権が実現するのでしょうか。もともと税収全体のうち，地方が4割を占めているというのは先進国の中では高いほうです。それにもかかわらず日本では分権化が進んでいないと言われているのです。

日本の場合は，地方全体がきわめて多岐にわたる行政を展開し，多くの分野でその財源を国に依存するかたちになっています。そのために，住民の行政サービスと地域の負担との関連で把える意識が希薄になっているのではないかと考えられます。現在の仕組みをそのままにして地方分権を進めると，各自治体は財政的な責任も負わされることになり状況は非常に厳しいものになります。分権がなかなか進まなかった要因もここにあります。地方分権は，財政民主主義を確立するために不可欠な要素です。また，地域の知恵と活力を有効に活用して地域を活性化するためにも分権社会の実現が求められます。地方分権の実現のためには，どのような地方の仕事と財政構造の見直しが必要であるのか，もっと検討を進める必要があります。

第6章

日本の税体系
――課税の根拠と税の分類

我々が日々支払っている税金とは一体何者だろうか？　どうして支払わなければならないのだろうか？　いくら支払わないといけないのだろうか？　本章では税に関するこのような素朴な疑問を解消すべく，これまで財政学で行われてきた議論を整理する。同時に財政学で用いられる税についての基礎概念についても解説し，身の回りの税についての理解を深めることが出来るようにするのが目的である。

6.1　税の根拠と役割

● 税とは何か

消費税のように毎日のように税金を支払っているにもかかわらず，あらためて「税金とは何ですか？」と問われると一言で答えることは難しい。政府に支払うお金，できれば支払いたくないお金，などいろいろと答えることができるが，税そのものとは何かとか，何故税を支払わないといけないか，と聞かれると適切に返答できるだろうか。

「税」の字は見れば分かるようにノ木偏と「脱」の右側の部首からなっている。ノ木偏は出来上がった米などの穀物を指し，脱の右側は取り去るという意味を持っているので，出来上がった穀物を取っていくという意味になる。つまり自分たちでつくったものを取り去られる，しかも強制的に取り去られるという意味につながっていく。税とは国民が政府によって否が応なしに取られるもの（現在は貨幣）という原義を持っているのである。

我々は何故税金を払うのだろうか。生まれてからこれまで疑問すら持ったことのない設問かも知れない。自動販売機でお茶を買うとき，お茶という商品に対する対価として硬貨を自動販売機に投入する。経済学的に言えば，お茶という商品を消費することによる効用に対してお金を支払うということである。

我々が生きている資本主義社会では商品を無償で手に入れることはできない。もし窃盗をすることなどにより無償で手に入れようとすれば当然罰せられる。何故なら私有財産が最大限に尊重される社会だからである。税金は取りも直さず私有財産からの持ち出しになるが，逆に支払わないと罰せられることになる。

それでは税金とは何に対する対価なのだろうか。一般的な行政サービス全般に対する支払いなのか，たとえば今受けている教育サービスに対する支払いなのか，実ははっきりとは分からない。

長い財政学の歴史においても税金を何故払わないといけないかについてさまざまな議論が行われさまざまな学説が提示されてきた。この問題は大きく次の２つの観点から議論されることになった。

① 何故税金を払わないといけないか。その根拠は何か。

② 税金を払う根拠はともかくとして，どのようにして支払ってもらうか。

であり，①は租税根拠論，②は租税負担配分論とも呼ばれ密接に関連している。国民が持っている「財産権」と国家が持っている「財政権」ないしは「課税権」の両者の関係をどのように考えるかという問題である。

本節ではまず租税根拠論について解説し，次節では租税負担配分論について解説する。「税金を何故払わないといけないか」についての財政学の回答をよく読み，考えた上で自分自身の考えをもつようにしてもらいたい。

● 租税根拠論

租税を支払う根拠を考える際に分かりやすいのは，租税を「誰に対して」支払うかということを思い浮かべることである。言うまでもなく，支払う相手は「国家」である。したがって国家というものをどのようにとらえるかで税を支払う根拠についての考え方も変わってくるはずである。ここでは学説にしたがって「国家」という用語を使うが，「政府」と読み替えても構わない。

さて，国家というものをどのようにとらえたらよいのだろうか。多くの人が強く意識することなく生まれてから今まで国家の中で生活を営んでいる。その国家は運営主体が変わったり，場合によっては滅びたりと必ずしも永遠不滅のものでないことだけは確かであるが，その国家を「自分たちでつくったもの」と考えるか「各個人が生まれる前から存在するもので個人を超越するもの」と考えるかで国家の性格が異なってくる。

前者の考え方は社会契約説的な国家観と連なるものであり，国家は国民に対して私有財産の保護，秩序・安寧の保持などなんらかの便益を与えてくれるもので，その限りにおいて国民は国家の活動を支持し，国家が与えてくれるそれらの便益に対する対価として税金を支払うということになっていく。税金を国家が国民に与える便益の対価としてとらえるこの見方を「租税利益説」と呼んでいる。

後者の考え方は国家の成立がどのようだったかはとりあえず疑問にすることはなく，国家は国民を保護してくれると考える点は前者，つまり租税利益説と同様である。ただし，前者が国家は国民の同意の下にできあがったと考えるのに対して，後者は国家は国民をあたかも自分の子供であるかのように保護する役目を負っていると考える点が異なっている。国家は国民を保護してくれるので，保護してくれること自体に対する「義務」として租税をとらえるという考え方がでてくる。保護してくれること自体と義務が生ずることの論理的な関係を明確にすることは難しいが，租税を義務としてみるこの見方を「租税義務説」と呼んでおり，現に日本国憲法でも第30条で「国民は，法律の定めるところにより，納税の義務を負ふ。」とされており，この見方の影響が強くでている。

このような，租税を何故支払わないといけないのか（Why）の説明とは別に，税については，３Ｗ１Ｈとでもいうべき研究領域があり，Why に加えて，

How ：租税負担配分論
What：課税ベース選択論
Who ：租税帰着論

を挙げることができる。

租税負担配分論

租税負担を納税者間でどのように配分するか（How）の議論を租税負担配分論という。

税負担配分のあり方を考えるときには，どのような状態を「望ましい」と考えるかについての基準が必要である。経済学的には，まず最初に効率性（パレート効率性）という判断基準があって，その次に公平性という判断基準がくると考えることができるが，財政学における租税負担配分論に

おいてはまず最初に公平性という基準で判断することが多い。そして，何をもって公平の尺度とするかは，第７章にあるようにいろいろな考え方があるが，租税負担配分論においては，一方における政府からの国民に対するサービス供給を考え，他方においてそのサービス供給の「対価」として国民の負担を考える。その対価のとらえ方に公平性をどう見るかが反映しているのである。

１つの考え方は，租税根拠論と同様に国民は政府からサービス供給を通じて「利益」を得ているのだから，その利益に対応するように対価を支払う，すなわち税を支払うのが公平だとするものである。租税負担の根拠と支払い方法について一貫しているこの考え方を「租税利益説」（応益原則）と呼んでいる。

もう１つの考え方は，国民は政府からサービス供給を通じて利益を得ている点は否定しないが，個々のサービスからどれだけの利益を得ているかを測定することはできない，あるいは仮に測定できたとしてもそもそも税を支払う余裕のない国民がいることも考えられることから，個々の利益に対応するように税の支払いを考えるのではなくて，全体としての利益に対応するように税の支払いを考えるのが公平だとするものである。

全体としての利益も実際には測定不能であることから，個々の国民の経済状況に応じて，言い換えると国家の構成員が持つ税の支払い能力に応じて，全体として必要な税を負担してもらうのが公平であるとする考えが導かれる。この考え方を「租税能力説」（応能原則）と呼んでいる。一見すると，税負担についての租税利益説のように論理一貫性はないように見えるが，実際に税制を運用していくという観点からは，租税能力説の方が柔軟性に富んでいると見ることもできる。しかし，実際には能力を「何で」測るかという重大な問題があり，さらに仮に能力が測定できたとしてもどのようにして税負担を配分すれば公平なのかを決定することは非常に難しい。

現在の税制は，一方で利益説的な要素の強い税ともう一方で能力説的な要素の強い税，あるいは両方の要素をもっている税からなっていると考えられる。実際の税制は理論的な裏付けがあってはじめて生まれたものもあれば，既存の税制を説明するための理論が後からできることもあるので，すべての税を利益説・能力説の二分法で単純に分けるのは早計である。

租税の転嫁と帰着

資本主義経済では，家計と企業という経済主体が市場を通じてさまざまな取引を行っている。経済活動のあらゆる局面で税は課されることになり，経済に対してさまざまなインパクトを引き起こす。税は，納税者ごとに負担額が決定されるのであるが，ある経済主体に課された税は経済活動を通じて他の経済主体の負担となるケースがある。このような税負担の移動を税の転嫁と呼んでいる。

転嫁された税負担は，最終的に誰かの負担となる。このような税負担の最終的な到着点での負担を“帰着”という。先述の Who は，税を最終的に誰が負担するかを検討する租税帰着論のことである。

税負担の転嫁の過程を考えていくと，税は立法者が意図した税負担者(担税者) が負担することには必ずしもならない。また付加価値税の場合のように，転嫁は一回だけ起こるのではなく取引のたびごとに起こることがある。そして，最終的に誰が税の負担者になるかは税の種類や取引の状況，経済状況などさまざまな要因によって左右されることになる。

税の役割

第 2 章から第 4 章で財政の役割について述べた。資源配分機能，所得再分配機能，経済安定機能の 3 つである。税は実はこれら 3 つの機能に密接に関連しているのである。

財政による資源配分機能とは，具体的には公共財の供給のことを指していた。公共財の調達には当然のことながらそのための財源が必要で，その主要なものが税であることは言うまでもない。一般に，税はその使途を定められていないが，税の中にはその使い途があらかじめ決められているものもある。たとえば，日本における道路特定財源の１つとして揮発油税がある。その使途についてはさまざまな議論があるが，現在，この税収は全額が道路整備にあてられることになっており，道路という一種の公共財の供給に税が割り当てられていることが明確である。

所得再分配の機能を，税がもつことも第３章で述べたとおりである。所得分配とは各人がもつ生産要素を生産要素市場に供給することによって得る所得の有り様を，ある時点で経済全体で見たものと考えることができる。この意味での所得分配を，国民経済計算では所得の第一次分配と呼んでいる。

所得再分配の「再」とは所得の何の再分配を指すかは必ずしも明確ではないが，第３章で述べたように，税制や社会保障という財政上の措置を通して，各人の間に第一次分配とは異なる所得分配をもたらすことを指すことが多い。やはり国民経済計算の用語で，所得の第二次分配と呼ばれるものである。

したがって，所得の再分配には家計から見ると政府への支払いである税と政府からの受取りである生活保護などの現金給付があるが，税の所得再分配という場合は，このうち各人の所得から支払った税を差し引いたいわゆる可処分所得の有り様が，税の支払い前後でどう変わったかという側面のみを見るものであって，生活保護などの家計の収入面の影響を見るものではない。累進課税制度のもとでは，税を取る前と比べて可処分所得の分配状況が，たとえばジニ係数で見て不平等度が縮小されていることが明らかになっている。

また，税は第4章で見たように，マクロ経済へも大きな影響を与える。好況期には所得が増大するので，累進所得税制度のもとでは所得の伸び以上に税収が拡大する。このとき増えた税収を使わずに国庫などに蓄えたり，国債の返済などに充てたとするとその時点ではマクロ的な需要への影響はなく，増えた税収分だけ有効需要を削減することになる。

好況時には税の拡大で可処分所得の伸びを抑制することによって，需要の過熱を抑えているわけで，所得税という制度が経済を安定化させていることになる。逆に，不況時には所得税の徴収額が落ち，所得税による家計の消費需要の減少を多少なりとも緩和することで経済の安定化につながっている。所得税制が，このように制度自体によって経済を安定化させる機能のことをビルトイン・スタビライザー（一般に自動安定化装置と訳される）と呼んでいる。

6.2　税の分類

● 租税の分類

税は，政府の自由な裁量によるのではなく，国会などの議決を経て導入し，仕組みについても法律や条例に基づいて定められ運用されている。このような法律に基づかなければ課税することができないという考え方を「租税法律主義」といい，現代の民主主義国家の重要な要件である。そして国家，もしくは地方政府（自治体）が法律（税法）や条例に基づいて定めた税の仕組みを税制という。

今日の一国の税制は多くの税を組み合わせたものとなっている。そして，そのそれぞれがさまざまな導入の根拠やきっかけをもっており，導入時期も異なっている。

このような多様な背景や仕組みを持つ税制を理解するためには，数多くある税をいくつかの基準に従って分類することが便利である。ここでは税の特質が分かりやすいような代表的な分類方法を説明することにする。まず最初に課税客体と課税標準の区分，続いて，直接税と間接税，人税と物税について説明する。

課税客体と課税標準

「何に」税をかけるか，つまり課税対象によって租税を分類する方法がある。前述の３Ｗ１ＨのWhatにあたる部分である。財政学では，課税対象のことを課税客体（ベース）という用語で呼んでる。第１章の**図１－１**を参照されたい。

資本主義経済での主要な経済主体である家計と企業は要素市場・財市場を通じて活動している。家計は労働力，資本などの生産要素を要素市場に供給し，企業はそれらの生産要素を要素市場で需要し，要素価格に見合った額を家計に支払っている。生産要素を供給することによって得た要素価額の合計が家計所得である。同様に企業も財市場で財・サービスを販売することによって所得を得る。このような所得に対する課税を所得課税と呼んでいる。

家計は財市場で財・サービスを購入する際に間接税を支払うことがある。財・サービスの「消費」に着目して税をかけるのである。家計が支払った税は企業を通じて国庫に納められるが，このように消費を課税客体（ベース）とした課税を消費課税と呼んでいる。

さらに家計は所得の中から貯蓄をすることによって，あるいは遺産・相続などによって資産を蓄える。また家計も企業も土地や家屋といった資産を保有する。このような家計や企業が保有する資産を課税客体（ベース）とする税を資産課税という。

注意しておきたいのは所得や消費というのは１年間やあるいは一定の期

間内に行った経済活動の大きさを表すもので，所得額や消費額は経済学の用語で「フロー」と呼んでいる。したがって所得課税や消費課税はフローへの課税となっている。これに対して資産課税の場合はある時点で保有している資産の量に応じて課税するもので，資産量（額）は経済学の用語で「ストック」と呼ぶので資産課税はストックに対する課税となっている。

このような課税客体（ベース）が，漠然と所得や消費といった経済指標を示すのに対して，もう少し明確に税が適用される対象を意味する言葉が“課税標準”であり，課税客体（ベース）を数値もしくは金額で表したものである。課税標準とは，所得税の場合は個人の所得金額，消費税のような付加価値税の場合には企業の売上高，個別間接税の場合はガソリンの販売数量（リットル）やたばこの販売本数というように表すことができる。

以上のような課税客体（ベース）による区分とは別に，課税のポイントが第１章の図１－１の家計側であるのか企業側であるのかによって，税を分類することもできる。個人所得税のように個人ないしは家計サイドで課される税を個人（あるいは家計）課税と呼び，法人税や付加価値税のように法人ないしは企業サイドで課される税を法人（あるいは企業）課税と呼ぶ。

直接税と間接税

直接税と間接税の区別は「税を誰が支払うか」と「税を誰が負担するか」の差に基づいて行う。支払っている人が負担しているのではないかと思うかもしれないが，消費税を例に考えると分かりよい。

消費税込みの値段で店頭で商品を買う。そのとき消費者が支払った消費税は，消費税を「預かった」店の側で税務署への支払い（納税）が行われる。店の側では該当する部分の消費税について税務署に支払ってはいるが，自らの懐を痛めるという意味では負担していない（消費税を納税する際に費用がかかっているが，これについては第9章で説明する)。負担しているのは消費者である。

つまり消費税については，

支払者＝店
負担者＝消費者

ということになり，負担と支払いが一致していない。

ところが，同じ店が年間を通じて得た所得について，所得税を支払うことになったとしよう。支払った所得税は店自体が負担していることになるので，所得税については，

支払者＝店
負担者＝店

となって，納税と負担が一致することになる。

財政学の用語で税の支払者のことを「納税者」，税の負担者のことを「担税者」と呼んでおり，直接税とは，

納税者＝担税者

となる税のことであり，間接税とは，

納税者≠担税者

となるように，転嫁が予定された税のことである。

もっとも，この区別も先に述べた租税の転嫁を考えると，それほど簡単ではなくなる。たとえば，消費税の税率が引き上げられた時に，ある事業者が消費税相当分の（税込み）価格引上げを行わないとする。この場合には価格を消費税分引き上げる場合と比べて明らかに手取りの利潤が減ることになるので，事業者も消費税の負担を一部していることになる。

つまり，消費税が直接税化しているとみなすこともできる。また，直接税と考えられている法人税においても，法人税の増税があったときに売っている商品の値段を引き上げることによって手取り利潤の減少を抑えようとすることがある。このような場合には増税分の一部（あるいは全部）を

表6－1　直接税と間接税

直接税	所得税，法人税，相続税，贈与税など
間接税	消費税，酒税，たばこ税，揮発油税など

消費者が負担していることになるので，法人税が間接税化していることになるのである。

つまり，税を課された経済主体が他の経済主体に税負担をしてもらおうとする税の転嫁を考えたとき，上の直接税・間接税の分類は実は役立たなくなる。それではどう考えたらよいのだろうか。

一番分かりやすいのは実際の税の負担が誰であるかに関わりなく，その特定の税を考えた人，つまり税法の立法者がその税を直接税であると考えているか間接税であると考えているかに判断の基準を求めることである。立法者が立法時に納税者と担税者が等しくなることを予定して考えたものを直接税，両者が異なることを予定したものを間接税として分類する実際的な方法で転嫁の有無は考慮しない分類方法である。ちなみに日本の国税の中で代表的な租税を分類すると，**表6－1**のようになる。

● 人税と物税

租税の分類方法の中で比較的よく使われてきたのが，人税と物税の区別である。文字どおりに読むと「ヒト」に対して課税するのが人税で「モノ」に対して課税するのが物税であるということになるが，実際に課税されているいろいろな課税対象を思い浮かべると分かるように，ヒトそのものやモノそのものに税を課すことは少ない。そうではなくて，人税とは税を支払う個人の個人的な事情（典型的には担税力）に応じて支払ってもらうような税を指し，物税とは個人ではなくモノに対して税の負担能力が潜在していることに着目し，そのモノを所有・購入する「ヒト」に税を支払ってもらうような税を指す。

なじみのある税の中では人税の典型例として所得税を，物税の典型例として固定資産税を挙げることができる。人税を租税能力説（応能原則）と結びつけ，物税を租税利益説（応益原則）と結びつける解釈も存在するが，物税の中にも応能原則と関連づけることができるケースもあり，人税・物税と租税負担配分論との関係は単純ではない。また全ての租税を人税と物税のどちらかに振り分けるのは困難である。

● 課税主体の区分

租税負担配分論における Who を「誰が課税するか」と読み，税を課税主体によって区分することができる。もちろん，課税することのできる経済主体は政府のみであり，日本では日常用語で税務署や国税庁という名で呼んでいる課税当局を指している。

税の種類によって課税主体が異なってくるのは日本を始めとして各国共通である。国がかける税のことを国税といい，地方団体がかける税のことを地方税と呼ぶ。日本では地方税はさらに都道府県税，市町村税に分かれている。

複数の課税主体が関係する税には，まとまって徴税する場合やどちらか一方が代表して徴税する場合がある。一方の課税主体（国）が課す税に重ねて他の課税主体（地方団体）が税を課す場合，付加税と呼ぶことがある。また一方の課税主体がいったん徴収した税を後で他の課税主体に一定の基準で分け与える場合には，分与税と呼ぶこともある。

6.3　課税標準と税率

名目税率（法定税率），実効税率（平均税率）

各税目の税額は，課税標準と税率から算出される。つまり納税者が納めるべき税額は，

税額＝税率×課税標準額

として求めることができる。所得税の場合を考えると課税標準額が課税所得になる（第10章）。課税所得に対して乗ぜられるのが税率であり，法律で決まっているので法定税率とも呼ばれ，名目上の税率であることから名目税率とも呼ばれる。

これに対して，実効税率（平均税率とも呼ぶ）とは，所得税の場合に，もともと得た所得（課税前所得）のうちいくらを，税として払ったかの比率を指している。たとえば課税前所得が500万円であったとしよう。必要経費などを差し引いた後の課税所得が200万円になったものとし，200万円の課税所得に適用される名目（法定税率）が10％である場合，20万円の所得税を納めることになる。もともとの所得が500万円であったから，500万円の４％分を所得税として納めることになり，この場合４％が実効税率となるわけである。名目税率10％＞実効税率４％となっている。

実効税率と名目税率の区別は大変重要である。普通「所得税の最高税率が90％である」などということを聞くと，大変税率の高い所得税制だと思うだろう。**図６−１**を見てほしい。円は課税前の実際の所得を表している。このうち，課税対象とならなかったり，所得控除される部分を外した課税所得が半分であるとする。課税所得に対する名目税率が50％であっても，所得全体に対する割合，つまり実効税率は25％になる。仮に名目税率90％

図6－1　実効税率

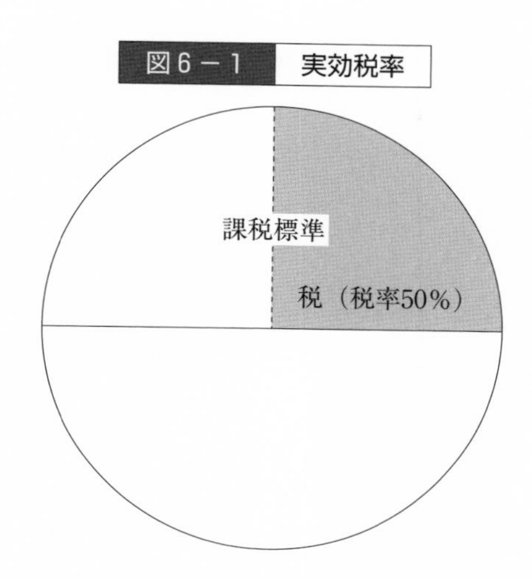

で課税されたとしても，所得の多くが課税対象外になっていれば実効税率は低くなる。

実効税率は普通所得税や法人税などの直接税について定義・計算されることが多いが，消費税など間接税についても定義・計算することができる。課税される対象となる消費（課税標準消費額）に対する消費税の支払額ではなくて，消費全体に対する消費税の支払額の比率を消費税における実効税率と定義することができる。消費税が現在のように単一税率ではなく，複数税率化したときに実効税率の計算はますます重要になってくると思われる。

累進，比例，逆進

所得を基準にした税負担の配分状況を累進的，比例，逆進的と区分することができる。日々支払っているさまざまな税について，それらが所得のうちのどれだけの割合を占めているかを計算し，異なる所得階層ごとの税負担の大小を比べることができる。所得の高い人（家計）ほど高い税を支払うという場合，絶対額でみて多くの税を支払うのと，所得に対して相対的に多くの税を支払うのと２つの場合が考えられる。

年収1,000万円の人が300万円の所得税を支払っているのと，年収300万円の人が50万円の所得税を支払っているのとどちらがそれぞれの人にとって税負担が重いと考えられるだろうか。この答えは実は容易には見つからない。比較的簡単に考えることができるのが所得に対する税負担の割合である。この割合が高いほど税負担が重いと考えることもできる。

いま所得を Y，税額を T としたときに，

$$t = T / Y$$

を考える。t は前項で説明した実効税率（平均税率）を表している。実効税率が所得の変化とともにどのようになるかをみることで，負担構造を区別することができる。

所得 Y が増えたときの実効税率 t の変化について，

ⅰ）$Y\uparrow \quad \rightarrow \quad t\uparrow$
ⅱ）$Y\uparrow \quad \rightarrow \quad t\rightarrow$
ⅲ）$Y\uparrow \quad \rightarrow \quad t\downarrow$

の３通りがある。所得が増えたときに実効税率が上昇するⅰ）の場合を累進的，所得に関わりなく実効税率が一定のままのⅱ）の場合を比例，所得が増えたときに実効税率が低下するⅲ）の場合を逆進的と呼んでいる。**図６－２**がこれを図解したものである。

課税所得が上昇するごとに適用される税率も上昇する累進所得税制の場合は上記の累進性の定義を満たしているのは比較的容易に分かるが，たとえ所得税の税率が均一であったとしても課税最低限（第10章を参照のこと）を伴っていれば実効税率は増加していく。逆進的な税の例として消費税がよく挙げられる。所得を Y，消費額を C，消費税率を t_c とすると所

図6－2　所得と実効税率

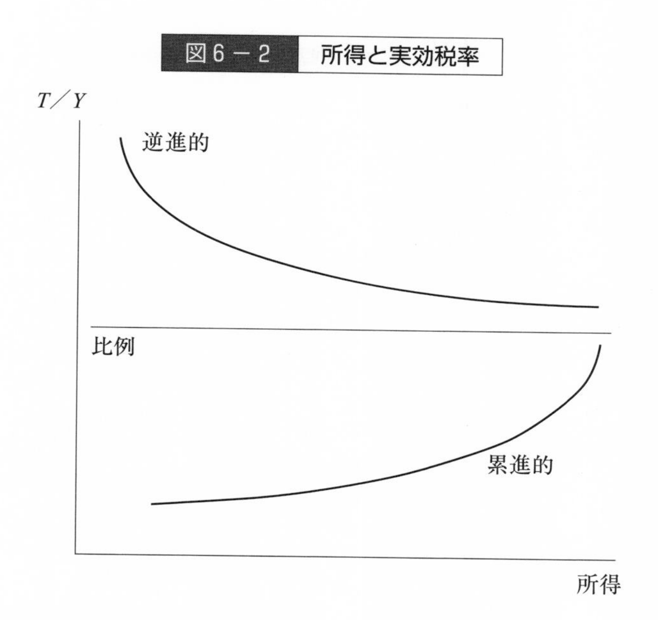

得に対する消費税額の実効税率は，

$$t_c C \,/\, Y$$

となる。ところが，消費性向を表す $C \,/\, Y$ は所得の増加とともに減少していくのが一般的であるから，実効税率も所得の増加とともに減少していく。つまり，対所得でみると消費税は逆進的であるということになる。

6.4　日本の税制

税 体 系

この節では，現在の日本の税制を簡単に眺めることにする。現在，日本では国・都道府県・市町村の三層構造の行政単位となっている。国・都道府県・市町村のそれぞれのレベルで税を徴収している。**表6－2**は国税と

表6－2　国税・地方税の税目・内訳

<table>
<tr><th></th><th>国　税</th><th>地方税</th><th></th><th>国　税</th><th>地方税</th></tr>
<tr><td>所得課税</td><td>所得税
法人税
地方法人税
地方法人特別税
特別法人事業税
復興特別所得税</td><td>住民税
事業税</td><td rowspan="2">消費課税</td><td rowspan="2">消費税
酒税
たばこ税
たばこ特別税
揮発油税
地方揮発油税
石油ガス税
航空機燃料税
石油石炭税
電源開発促進税
自動車重量税
国際観光旅客税
関税
とん税
特別とん税</td><td rowspan="2">地方消費税
地方たばこ税
ゴルフ場利用税
軽油引取税
自動車税（環境性能割・種別割）
軽自動車税（環境性能割・種別割）
鉱区税
狩猟税
鉱産税
入湯税</td></tr>
<tr><td>資産課税等</td><td>相続税・贈与税
登録免許税
印紙税</td><td>不動産取得税
固定資産税
特別土地保有税
法定外普通税
事業所税
都市計画税
水利地益税
共同施設税
宅地開発税
国民健康保険税
法定外目的税</td></tr>
</table>

出所）財務省ホームページ「税の種類に関する資料」。

地方税の税を所得課税，消費課税，資産課税等に分けて分類したものである。

直接税の中心となる所得税や法人税は国が徴収している一方で，地方も個人住民税や法人住民税などの直接税を徴収している。第5章で見たように，所得税や法人税は地方交付税の財源として地方に交付されている。

図6－3は，国税と地方税の税収内訳を見たものである。

所得課税，消費課税，資産課税等の内訳では所得課税の占める割合が最も大きい。日本の所得課税の特徴は個人所得に対する課税分と法人所得に対する課税分が同じような比重を占めていることである。所得課税の次に多いのは消費課税で，なかでも消費税は，地方消費税とあわせると全体の

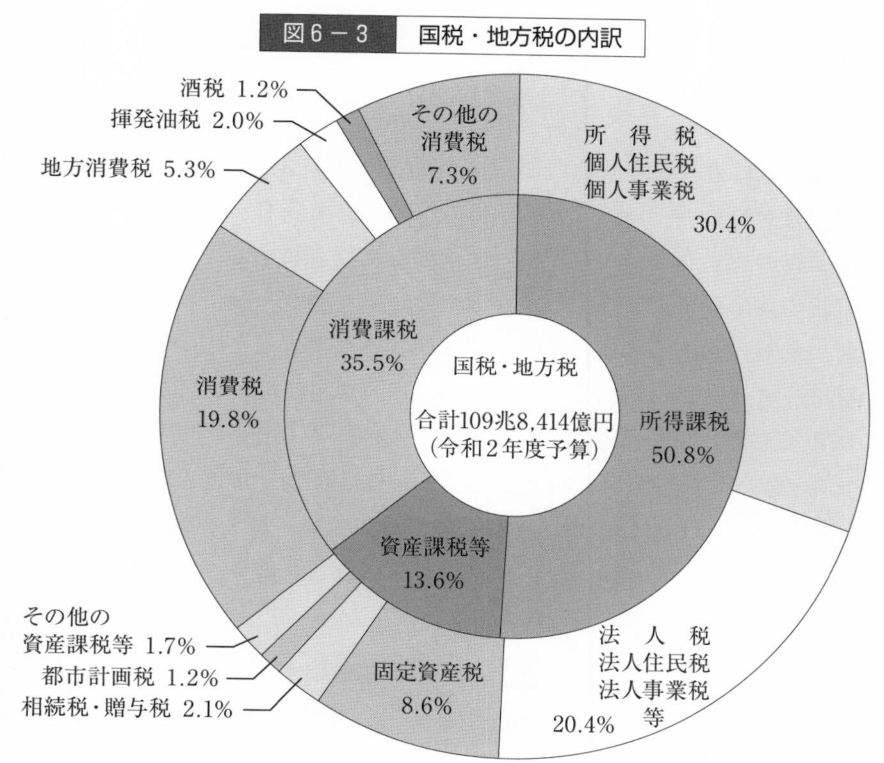

出所）財務省ホームページ「税の種類に関する資料」。

25%強にも上っている。資産課税等の中では，固定資産税など地方税の占める割合が高くなっているのが特徴である。

直間比率

表6－3は直接税の税収と間接税の税収の比率（直間比率）を国税と地方税の合計について各国ごとに掲げたものである。日本はアメリカに次いで直接税の比率が高いが，国税に大規模な消費課税をもたないアメリカの直接税の比率が極めて高いことが分かる。ヨーロッパ諸国は高い税率をもつ付加価値税があることにより間接税の比率が高いことも分かる。

図6－4は1927（昭和２）年度から2021（令和３）年度にかけての日本の国税の直間比率を示したものである。1937（昭和12）年度までは間接税の比率が高く，それ以降は1958，1959（昭和33，34）年度を除けば直接税の比率が高いことが分かる。また近年では消費税の導入があった1989（平成元）年度以降，間接税の比率が高まっていることも分かる。

表6－3　直間比率の国際比較

	日　本	アメリカ	イギリス	ド イ ツ	フランス
直間比率	67：33	79：21	57：43	55：45	55：45

注）１．日本は平成29年度（2017年度）実績額。なお，令和２年度（2020年度）予算における直間比率（国税＋地方税）は，67：33となっている。
２．諸外国はOECD “Revenue Statistics 1965-2018” による2017年の計数。OECD “Revenue Statistics” の分類に従って作成しており，所得課税，給与労働力課税及び資産課税のうち流通課税を除いたものを直接税，それ以外の消費課税等を間接税等とし，両者の比率を直間比率として計算している。

出所）財務省ホームページ「税収に関する資料」。

図 6 − 4　日本の国税の直間比率

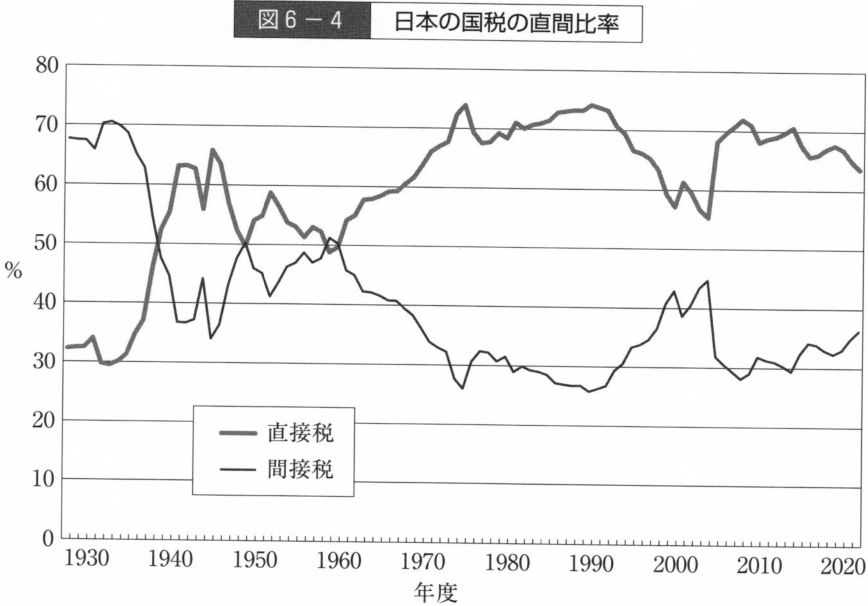

出所）総務省統計局「日本の長期統計系列」5-6 主要税目別国税額（昭和 2 年度〜平成16年度）。
総務省ホームページ「地方税収等の状況」（平成17年度〜令和 3 年度，ただし令和 3 年度は当初予算額）。

EXERCISE

Q　日本における主な税をいくつかの基準で分類しなさい。またそれぞれの税を租税負担配分論から評価しなさい。

Key Word：直接税，間接税，累進税，課税主体

COFFEE BREAK

●納税という不思議な言葉

納税とは，文字どおり税を納めるということを意味しています。日常会話にも出てくるように何の不思議もない言葉です。ところが，「納める」という言葉は年貢を納めるということから来ています。納める対象は誰かというと「お上」です。

英語では，納税者のことを tax payer と言います。税を支払う人ということで，税を支払うのは義務であると同時に国民・住民の権利でもあるという意味合いも含まれていると読み取ることができます。本文中では，できる限り「税を納める」という表現を使わずに「税を支払う」というようにしました。

2001年に行われた新聞の世論調査で「あなたは，いま払っている税金について，どんな感じを持っていますか。」という項目に対して「非常に重い」「やや重い」と答えた方の合計は全体の82%にもなりました。国民の多くの方が税は重いという重税感をもっているようです。

ところが，街頭で同じインタビューをし，「重いと思っている所得税や住民税についてあなたは１年間にいくら払っているか知っていますか。」ということを聞くとほとんどのサラリーマンの方は「知らない」と答えます。

納税という言葉には，どちらかというと義務の側面が強く感じられ，権利としての側面はあまり感じられません。税を支払う行為を権利としても見るのと，義務としてしか見ないのでは支払ったお金の使われ方への監視の仕方も異なってくるのではないでしょうか。

第7章 現代の租税原則と公平性
――租税原則(1)

課税は公平でなければならない。本章では公平性を含む租税原則の説明から始まって，利益説・能力説による公平性の説明を行い，公平性そのものを経済学・財政学でどのように把握したらよいかにまで考察を進める。最後に効率性と公平性の関係で結び，課税における公平性を考えることがいかに大切であるかということと同時にいかに難しいことであるかが分かるようにする。

7.1 スミス，ワグナーと現代の租税原則

● アダム・スミスの租税原則

租税は，それを徴収することによって政府活動が可能になる一方で，経済主体の経済活動に影響を与えることによって経済自体に思わぬ影響を与えることがある。政府活動自体が必要であるか否かという議論と並行するように，租税は，もしそれを徴収する必要があるとしていかなる原則にのっとる必要があるのかについて長い財政学史上さまざまな議論がなされてきた。

その代表例が18世紀後半に『国富論』を出版したアダム・スミスの租税原則である。いかなる学説も，それが生まれた時代背景の影響を色濃く受けている。

スミスの時代は資本主義がまさに勃興しようとしている黎明期であり，政府活動は一種の必要悪であると考えられていた。ただし，『国富論』でも述べられているように，スミスは必要な政府活動を治安，国防，司法に限定し，それらの政府活動を賄うための租税をできるだけ民間の経済活動を阻害しないように徴収することを考えた。

個々の租税についての検討に入る前に，彼は『国富論』第５編第２章第２節で租税が満たすべき原則として以下の４点をあげている。

① 公平性
② 明確性
③ 便宜性
④ 徴税費最小

ただし，この４つは，スミス自身がこのように名付けたわけではなく，今日の用語に置き換えたものである。

それぞれの原則を簡単に説明すると以下のようになる。

公平性：「あらゆる国家の臣民は，各人の能力に可能な限り比例して，つまり，彼らがそれぞれ国家の保護のもとに享受する収入に比例して，政府を支持するために負担すべきである。」

公平性の基準は後に述べるようにいろいろとあるが，スミスは国民が国家（のサービス）から受ける保護（利益）によって，各国民の収入が安心して得られることから，そのようにして得られた収入に比例するように税を払うのが公平であると考えている。

明確性：「各個人が支払う義務を負う租税は，確実であって，恣意的であってはならない。支払時期，支払方法，支払金額のすべては，負担者にも他のあらゆる人にも，明快で明白なものでなければならない。」

税の支払いは，時の権力者の気まぐれによって左右されてはならず，納税者に明確に分かる方法で納めることができるようになっていなければならないという考え方で，租税法律主義の原点ともなるべき原則である。

便宜性：「あらゆる租税は，負担者がそれを支払うのにおそらくはもっとも便宜があるような時期と方法とにおいて徴収されなければならない。」

明確性の原則と並んで税を支払う国民にとって，もっとも都合がよい方法で納税する方法を考えるべきだという原則である。

徴税費最小：「あらゆる税はそれが国民のポケットから取り出される額が国庫に入る額を超えることができるだけ少なくなるように考案されるべきである。」

このスミスの租税原則は形を変えながら現在も生きており，各国の税制改革や新しい税を導入するときに指針となっている。

● ワグナーの租税原則

後期ドイツ財政学を代表するアドルフ・ワグナーという学者が表した租税原則は以下のようになっている。一般にワグナーの４大原則・９小原則と呼ばれるものである。

財政政策　　租税の十分性
　　　　　　課税の可動性

国民経済	正しい税源の選択
	正しい税種の選択
公平	課税の普遍性
	課税の平等性
税務行政	明　確
	便　宜
	徴税費最小

これらを見てすぐ分かるように，公平性の原則と税務行政の原則は，スミスの租税原則と同じ内容になっている。

異なっているのは財政政策の原則と国民経済の原則が新たにある点で，特に財政政策の原則は，要するに必要なときに必要なだけの税収が国家にもたらされるための原則だといってもよい。

スミスの租税原則の場合は，その内容は国家を支える国民経済にとって満たされなければならない原則からなっているのに対して，ワグナーの原則は税を徴収する国家にとって都合の良い原則となってる。

ワグナーの租税原則の中に，「公平性」の原則があるが，その中には社会政策的な意味合いが込められており，累進課税の正当化へもつながっていく。

● 現代の租税原則

スミス，ワグナー以降，資本主義社会においても政府が果たすべき役割は大きくなり，それにともなって税の規模も大きくなってきた。税に対する一般の関心も高まってくるのであるが，その中で租税原則は分配面と経済的効率面に集約されていく。つまり，「公平」と「中立（効率）」の原則であり，これに徴税上の「簡素」を加えた３つが現代の租税原則として広く認められている。

公平の原則は，税負担を求める時に納税者間での公平な配分を求めるものである。徴税は一定の強制力を伴うものであるため，税に対する国民（市民）の理解を得るためには，負担配分の公平性の実現は特に重要である。

効率の原則は，課税による経済活動に対する阻害効果をできるだけ少なくすることを求めるものである。あまりにも高い税率を課した場合には，企業活動そのものが抑制されたり，個人の労働意欲が阻害されてしまうからである。

税制の簡素化は，徴税費と納税協力費の最小化をめざしたものである。かりに如何に公平なあるいは中立的な税制だとしても，税収を上回る徴税費が必要な税制を実施するわけにはいかない。また徴税にともなうコストだけでなく，納税の際に納税者側が負担するコストもできるだけ少ないほうがよい。

この章の次節以降と，第８章，第９章では，順にこれらの３つの原則について取り上げ解説していく。

7.2 公 平 性

● 公平性の定義の難しさ

税に限らず，そもそも公平性とは何であろうか。辞書的な意味では「対象となるものを同じ様に扱うこと」となる。この章で問題とする対象は「税負担」であることは明らかだが，難しいのは何をもって「同じ様に」扱うかである。

次のような例を考えてみよう。10人の子供が１時間かけて草刈りの仕事をした。その褒美に大きな円形のケーキがもらえることになった。さてこのケーキをどのように分けるのが公平だろうか。

- 10人いるのだからきれいに十等分するのが公平である

と考えることもできるし，

- たくさん刈った子にはたくさんのケーキを与え，あまり刈らなかった子にはケーキをそれほどあげない（あるいは刈った量に比例してケーキも分ける）のが公平である

と考えることもできる。あるいは別の考え方もいろいろとあるだろう。後者の働いた量に応じて分ける（分配する）のが公平だと考えたときに，実は働きたいのにたまたま病気で働けない場合もあるし，あるいは身体が不自由で働けない場合もあるので，この基準を厳格に適用するとこのような子供（人）に対する分け前はゼロとなる。今回はケーキの例であったが，これが実際の所得である場合，働けない人は所得がゼロとなるので生きていけないということになる。

公平性をどのように定義するかは，実に難しいのである。

応益原則と応能原則

租税負担における公平性とは何だろうか。第6章で見たように，租税をそもそも支払わないといけない理由を説明するものとして，租税根拠論と租税配分のあり方を考える租税負担配分論があり，税負担の公平性とはこのうちの後者に関係するものである。

政府によって供給される公共財から受ける利益に応じて税を支払うのが公平だというのが利益説であり，各人の税を支払う能力に応じて税を支払うのが公平だというのが能力説である。利益説に基づいて税を支払う原則を応益原則，能力説に基づいて税を支払う原則を応能原則と呼ぶことがあ

る。

利益説では，「利益」をどう捉えるかによって課すべき租税の内容は異なってくる。

たとえば，公共財から受ける利益を個々の公共財ごとに判別できるとしよう。その場合には受益者は自らの受けた利益を金額表示で表明し，政府は個々の受益者から表明，したがってそれに基づいて支払われた税額に基づいて当該公共財の供給量の決定を行うことができる。全ての公共財においてこのような手続きを行うのは実行上難しいとか，受益者は自らの選好を正直に表明しない可能性があるという重大な問題はあるにせよ，このメカニズムでは受益者全てに対する税負担の配分と公共財の供給が同時に決定されるという理論的な首尾一貫性が備わっていることになる。

公共財から受ける利益を個々の公共財ごとではなくて，公共財全てからの利益だと考えた場合はどうなるだろうか。論理的には受けていると思われる利益に応じて個々の受益者は税を支払い，その総額として政府の受取り税額が決まるが，個々の公共財ごとに税支払いを行う場合と異なり，公共財の総額としての供給量は決まっても，個々の公共財の供給量については未決定のままに終わることになる。

それでは能力説が公共財供給の決定についてもっている意味はどうなるであろうか。

能力説に従えば，なんらかの能力を表す指標によって各人の支払い可能な税額を算定し，その税額を支払ってもらうことになるが，いくら支払ってもらうかについては全体としての税額がいくらであるかが決まっていないと決めることができない。全体として税額がどれだけ必要であるかは，税によって賄われる公的な支出の規模によって決まってくる。

ところが，利益説の場合と異なり，歳出額がいくら必要であるかは個々人の負担能力やそれらのなんらかの合計によっては決めることができない。個人の負担能力の中に公共財に対する選好が含まれていないので，どのような公共財を供給するか，そして，それらの公共財の供給のためにいくらの財源（税）が必要であるかが分からないからである。必要な歳出額は税負担のあり方とは別個に決められねばならない。政治過程等を通じて必要な歳出額が決まった後に，はじめて個々人に必要な税額を求めることになる。

もっとも必要な歳出額とあらかじめ決められた税法にもとづいて支払われる能力に応じた税額の合計額が一致する必然性はないので，必要な歳出額が税収のみで賄えない場合が生じてくる。歳出と歳入（この場合税額）を別個に決めることから当然生じる帰結である。

ベンサム基準とロールズ基準

実際の経済社会においては，人々はさまざまな経済状況に置かれることになる。財政学や経済学における公平性とは，つまるところ経済状況のばらつきを示す指標である分配状況について，望ましい分配状況とはどのような状況のことを指し，また政府はそれにどのように介入すべきかに関するものであると考えてもよい。この点について，よく引き合いに出されるのがベンサム基準とロールズ基準というもので，公平性を考える際のよき指標となる。

たとえば，Aさん，Bさん，Cさんの3人から成る小さな社会を考える。Aさんの満足度（経済学の用語で言う「効用」）が100，Bさんの満足度が200，Cさんの満足度が300であるとする。各人が感じる満足度とは，それぞれが獲得する所得を用いて行う消費活動によってもたらされると考えることができる。異なる人の満足度が単純に比較できて，また足し合わせることができると仮定すると，この社会全体の満足度は600となる。

Aさんの満足度が3人の中では低く，十分生活を楽しんでいないことが分かったCさんは，Aさんに所得をいくらか分けたとする。その結果，A

さんの満足度は150に，Ｃさんの満足度は270になったとすると，このときの社会全体の満足度は620となる。社会全体の満足度を経済学の用語で“社会的厚生”と呼ぶが，この場合はＣさんからＡさんへ所得を分配することによって社会的厚生は高められることになった。

公平性をめぐってはさまざまな考え方があるのは上述のとおりだが，何らかの指標によって公平性の度合いが改善したと見ることができると便利である。そのような指標の１つとして社会的厚生を考えることができる。

上のＡさん，Ｂさん，Ｃさんの例では，満足度の合計そのものを社会的厚生と捉えており，この数値が高いほど社会全体の満足度が高いと考えている。社会を構成する人の満足度の単純合計をできるだけ最大にするのがよいと考えるのが，そのような考え方を出した人の名前を取って，一般に「ベンサム基準」と呼んでいる。所得分配上の変更をもたらすような政策を行う場合，この基準でいけば，変更前よりも変更後の社会的厚生が高まるような政策であればよいと考えるのである。

ただし，この基準では，所得が最も高い人の満足度が上がって，他の人の満足度が上がらなくても，社会全体の満足度が上がると考えているので，「所得の低い人に相対的に有利になるような所得分配をもたらすのが「公平」な政策だ」という，公平性について一般に思われている基準とはかけ離れていることになるので，１つの特殊な基準であると考えてもよい（ベンサム基準は公平性の観点がまったくないと考える人もいる）。

他方，ベンサム基準とはまったく異なる公平性の基準を考えることもできる。たとえば，社会を構成する人を所得の順番に並べていくとする。どのような社会でも再分配政策を行う前は所得が最も低い人が必ず存在する。所得の最も低い人は働かないからそうなったのかもしれないし，働けないからそうなったのかもしれない。

いずれにせよ，所得の最も低い人は存在するはずで，いつ何時そのような状態になるかも分からない。自分はそのような状態になるはずがないと思っていても，不慮の事故に見舞われて所得を得る機会を失うかもしれない。確実に分かっているのは，所得の最も低い人，あるいは生活を営むためには所得が不足する人が必ず社会には存在することである。

このような状況下では，「いつか誰かが（自分も含めて）最も経済的に恵まれない位置に置かれる」ので，その人をそのようになったときに助ける，言い換えれば，そのような人の厚生を高めることこそが，社会にとって必要とする考え方がある。具体的には，最も所得の低い人の所得を引き上げることが，社会全体にとってもプラスである，つまり社会的厚生が高くなると考えるのが公平であるとする考え方である。

最も経済的に恵まれない（上の言葉で言えば満足度が一番低い）人の状態をよくする事が社会全体にとって望ましいとする考え方は，それを提唱した人の名前をとって，一般に「ロールズ基準」と呼ばれている。これは社会的厚生の考慮において，最も所得の低い人の満足度を最も大きく評価することであり，“マキシミン原理”とも言われる。

そして，この考え方を極端に推し進めれば，所得の格差が存在する限り，最も所得の低い人の所得を引き上げることによって社会的厚生を改善する余地があるので，所得の完全平等に行き着くまで再分配政策を進めるのがよいということになる。上記のベンサム基準との対応で言えば，公平性の考え方のもう一方の極端になるものである。

この２つの基準を，次のような数字例で比べてみよう。所得の再分配を行う前のＡさん，Ｂさん，Ｃさんの満足度を変更前という行の数字で表している。社会全体とあるのは３人の満足度の合計の数字である。変更後というのは所得の再分配後のそれぞれの満足度を表している。

ケース１では，再分配政策を行ったにもかかわらず，一番満足度の高いＣさんの満足度がより上がり，一番低いＡさんの満足度が下がっている。このとき，社会全体の満足度は30増えているので，ベンサム基準でいくとこの政策は社会的厚生を改善したと考えられるが，Ａさんの満足度が下がっていることから，ロールズ基準では社会的厚生の改悪であると考えられる。

ケース２では，ＣさんからＡさんに所得が渡るような政策を行った結果，Ａさんの満足度は50増え，Ｃさんの満足度は70減っている。ベンサム基準では社会全体の満足度が減少しているので，社会的厚生の改悪だと考えられるのに対して，ロールズ基準ではａさんの満足度が増えているので，社会的厚生の改善だとみなすことができる。

結論として言えることは，社会を構成するいろいろな人の満足度をどのような重み（ウエイト）で評価するか，社会的厚生の水準をどのように定義するか，そして社会的厚生がどのようになったら公平であると考えるか，という点に注意して所得再分配などの政策を行わなければならないということである。

【ケース１】

	Ａさん	Ｂさん	Ｃさん	社会全体
変更前	100	200	300	600
変更後	80	200	350	630

【ケース２】

	Ａさん	Ｂさん	Ｃさん	社会全体
変更前	100	200	300	600
変更後	150	200	230	580

● 水平的公平と垂直的公平

税負担の公平性を見る尺度（基準）として，代表的な概念に「水平的公平」（horizontal equity）と「垂直的公平」（vertical equity）がある。この２つの公平性の概念は上で説明した応能原則に基づいており，主に所得税の負担について用いられることが多い。具体的には，次のとおりである。

水平的公平：経済状況の等しい者は同じ額の税を支払う
垂直的公平：経済状況の異なる者は異なる額の税を支払う

ここで経済状況とは「担税力」と言いかえてもよいが，その指標として何をとるかが問題となる。一般には，応能原則に基づいているということから，経済状況の指標としては所得が用いられることが多い。そして，経済状況の「等しい」というところで，「等しさ」をどう考えるかが次の問題となる。

以下のような例を考えてみよう。独身のＡさんは年収が800万円である。Ｂさんは同じく年収が800万円であるが夫婦子供３人で５人家族である。果たしてこの２人は経済状況が等しいと見ることができるのであろうか。

いろいろな見方があるが，日本を始めとして各国の多くの税制ではＢさんの方が税を負担する能力＝担税力が低いと考えられており，実際にＢさんの支払う所得税額が少なくなっている。第10章で見るように所得税は受け取った給与などがそのまま課税標準となるのではなく，各種の控除を差し引いた後の課税所得が課税標準となる。Ｂさんの場合，課税所得はＡさんより少ないとみなされるので支払う所得税額も少なくてすむのである。課税所得で経済状況を見ることができると考えた場合，課税所得の等しい人は同じ額の所得税を支払うのが公平だというのが水平的公平の考え方である。

これに対して垂直的公平は異なる経済状況，つまり異なる担税力をもっている各人は異なる税を支払うことを要求する。独身で年収が800万円のＡさんと同じく独身で年収が1,600万円のＣさんは異なる税額を支払うのが公平だと考えるのである。

さて，それではＣさんはＡさんの支払う所得税額の何倍を支払うとよいのだろうか。年収が２倍なので所得税も２倍だろうか。それとも累進所得税が「公平性」にかなうので２倍よりも多い所得税を払うとよいのだろうか。現在の各国の所得税制では超過累進課税制度を採用しており，この場合には２倍よりも多い税をＣさんに支払ってもらうことになっている。それではどれ位多いとちょうどよいのだろうか。

最終的には各国の立法者や国民がどの程度の累進度をもって公平性にかなうかと考えているかによると思われるが，累進度を考える助けになるのが次に述べる均等犠牲の概念である。

均等犠牲

異なる個人間の税負担を比較するときに，課された税額自体ではなく，課税によって効用がどのように変化するかで見るアプローチがある。

今，異なる個人間の効用が比較できると仮定する。税を課されることによって各個人の効用水準は下がる（犠牲となる）ことになるが，下がった効用水準が何らかの基準で異なる個人間で等しいときに税負担が公平だとする考え方が均等犠牲説と呼ばれるものである。均等犠牲説では，課税による可処分所得の減少が効用水準をどのように変化させるかを見ることになる。

次のような簡単な例で考えてみることにする。ＡさんとＢさんの２人がいて，それぞれの所得は Y_a，Y_b であるとする。政府は必要な税収 T をこの２人から集めることにし，Ａさんからは T_a をＢさんからは T_b を徴収する。つまり，$T = T_a + T_b$ である。両者は所得から効用を得るものとし，両者の所得の効用関数 $U_a(Y_a)$，$U_b(Y_b)$ は同じ形状をしているものと仮定する。税の徴収後の２人の効用は，それぞれ，$U_a(Y_a - T_a)$，$U_b(Y_b - T_b)$ となるので，課税による効用の減少分はＡさんが ΔU_a とし，Ｂさんの分を ΔU_b とすると，

$$\Delta U_a = U_a - U_a(Y_a - T_a)$$
$$\Delta U_b = U_b - U_b(Y_b - T_b)$$

となる。

この効用の減少分をどのように捉えるかで税の負担のあり方が異なってくるが，次の３通りを考えることができる。

- 絶対均等犠牲
- 比例均等犠牲
- 限界均等犠牲

「犠牲」という言葉は課税による効用の減少分を指しており，絶対均等犠牲は効用の減少分の絶対値が両者（ＡさんとＢさん）で等しいことを意味している。これに対して比例均等犠牲とは効用の減少分の課税前の効用に対する比率が両者で等しいことを意味しており，限界均等犠牲とは課税後所得の最後の１単位から得られる限界効用を等しくすることを意味している。記号で表すと，

絶対均等犠牲：$\Delta U_a = U_a - U_a(Y_a - T_a) = U_b - U_b(Y_b - T_b) = \Delta U_b$

比例均等犠牲：$\Delta U_a / U_a = \Delta U_b / U_b$

限界均等犠牲：$\Delta U_a / \Delta Y_a = \Delta U_b / \Delta Y_b$

となる。

今，Ｂさんの方がＡさんよりも所得が高いとする。つまり $Y_b > Y_a$ とする。このときに $T_b / Y_b > T_a / Y_a$ となっていれば累進課税の条件の１つを満たすことになるが，所得の効用関数の形状やどの均等犠牲を考えるかによって $T_b / Y_b > T_a / Y_a$ が成立するかどうかは異なってくる。

所得の限界効用曲線が右下がりであれば，つまり所得が増えると限界効用が減少するような形状になっているとき，限界均等犠牲基準は高所得者

からまず税を徴収していき，最終的には両者の限界効用が等しくなる点まで税を徴収することになる。もし，両者の限界効用曲線が等しいとすれば，このことは課税後の所得が両者で一致することを意味しており，強度の累進性をもたらすことになる。

公平と効率のトレードオフ

この章で取り上げている公平性の問題は，でき上がった生産物，具体的には，所得を社会を構成する人にどのように振り分けるとよいのかということを考えることであった。社会全体の生産物の量が多いほど，社会の各構成員への分配を増やすことができるので，経済学ではどのようにすれば生産量を拡大することができるのかを考えるのが主眼となってきた。

もし，この生産量を無制限に大きくできるのであれば，各人に好きなだけ配ることができるが，実際にはこの大きさには限りがある。それは生産物を作るには資源が必要であって，その資源は有限だからである。ここでいう資源とは，石油などの天然資源のほかに，労働力などの人的資源や土地なども入っている。限りのある資源を用いて，いかにたくさんの生産物をできるかを考えるのが経済学の用語で「効率性」の問題と呼んでいる。できるだけたくさんの生産物を有限の資源を用いて作り，それをいかに公平に分配するとよいかを考えるのが経済学や財政学の目的の１つであるが，厄介なのは，効率性の問題と公平性の問題を切り離して考えることができないということである。

このことを上の10人の子供が草刈りの仕事をする例にならって，今度は同じ子供たちがパンを作る例で考えてみよう。パンを作った報酬としてパン自体が与えられると考えるのである。働く前に取り決めがあって，たくさんパンを作った子にはたくさんのパンが与えられるとする。

その結果，パン作りのうまい子はたくさんのパンをもらうことができる一方，苦手な子はあまりもらえないことになる。すると苦手な子はもらえるパンが少ないので空腹になり，余計に働けなくなってしまった。そこででき上がったパンのうちいくらかをパン作りの苦手な子に与えることにしたが，パン作りの上手な子は自分の作ったパンが他人の手に渡ることになるので働く意欲が以前と比べて低下し，結果として，でき上がるパンの量が以前よりも少なくなってしまった。公平にパンを分けようとした結果，パンの生産量自体が減少することになる，言い換えれば効率性が下がることになったのである。

話を税に戻すと，垂直的公平の観点から，累進的な構造をもつ所得税制で累進度を高くすると，所得の再分配効果が強くなる。しかし，同時に高い税率を適用された者が，さらに高い所得を獲得する意欲を失うことにもなり，結果として，社会全体の生産物が減少することになる。再分配のための元手である生産物が減少することになって，再分配政策自体が行えなくなる恐れも生じうる。

このようなことを避けるためには累進課税制度を廃止し，一律の税率で所得税を課すという方法も考えられるが，同時にそれは所得税の持っている所得の再分配機能を弱めることになり，結果として所得分配の公平性を殺ぐことになってしまう。この効率性については，次の第8章で詳しく見ることにする。

7.3　さまざまな公平性

● 世代間の公平

垂直的公平性や均等犠牲の議論で見たように，税負担における公平性は通常個人間での公平性を問題としている。その公平性を測る尺度が，あるときは所得そのものであったり，また，あるときは効用であったりと，何らかの指標をもとに個人間の税負担を比較するのである。

最近，公平性についてはさまざまな視点から議論が展開されている。税に関するものだけでもたくさんあるが，中でも世代間の公平性がよく話題になる。世代間の公平性とは，特定の個人ではなく，ある時代に生まれた個人の集合を世代として捉え，特定の世代の生涯の税負担と別の世代の生涯の税負担を比べるものである。

ただし，世代によっては，そのときの政府の規模も違うし，受けている政府サービスの水準も違う。特に賦課方式の公的年金制度では，現役世代と退職世代の人口の比率によっては負担と受益の水準がかなり異なってくる。したがって，世代間の公平性を問題にするときは税負担の水準だけではなく，政府サービスをどれだけ受けたかという受益の水準との比率で比較することが多い。生涯，税負担に対する政府サービスの受益の比率の高い世代ほど税・財政制度によって「恵まれている」と把握するのである。

ただし，人口構成やそのときの政府の規模や政府サービスの水準によって受益・負担比率が変わってくるので，純粋に税負担の公平性を見るものではないし，受益・負担比率の比較は世代間だけではなく，同世代内の異なる所得階層の個人間でも可能であるので，税や税制自体の公平性に及ぼす影響を見るのには適当ではない。

国家間の公平

個人間の公平性とは異なる次元の公平性の問題として「国家間の公平性」（inter-nation equity）と呼ばれているものがある。国際間で経済活動を行い，取引を行っていると１国のみならず取引に関係する多くの国で所得が発生する。

たとえば，Ｘ国に居住するＡさんがＹ国で200の所得を得て，Ｘ国に送金する場合を考えてみよう。もし，両国で所得税がなければ，Ａさんは自国のＸ国で200の所得を全て受けることができる。ところが，Ｘ国とＹ国で共に所得税があり，Ｘ国では実効税率50％で税が課され，Ｙ国では実効税率30％で税を課されるとすると，ＡさんのＹ国で発生した200の所得はまずＹ国で60の税が課される。Ａさんは税引き後の140の所得をＸ国に送金すると，140の所得に対して50％の税，つまり70の税が課されて，差し引き70の所得しか手元に残らないことになる。

一方，同じ200の所得をＸ国でのみ得ているＢさんは100の税を支払って手取りの所得が100となる。同じ200の所得を稼いでいるのに，外国で所得を稼いだＡさんの方が手取り所得が少なくなってしまうので，このような所得税制の仕組みでは，海外で所得を得て母国に送金する誘因がなくなることになる。

どうしてこのようなことが生じるかの理由は簡単で，同じ所得に対して，Ｘ国とＹ国の双方が課税をしているからである（財政学の用語では「二重課税」と呼ぶ）。どちらか一方の国だけが課税すると二重課税は起こらないが，Ｙ国は，Ｙ国で所得を発生させているのであり，そのためにいろいろとＡさんがＹ国の公共サービスを受けているので，課税するのが当然だと主張するだろうし，Ｘ国は，Ｘ国に居住していることにより，Ａさんが受ける公共サービスがあるので，Ｘ国内でも課税するのが当然だと主張するだろう。

国家間の公平性とは，国際的な経済活動で発生する所得について，所得の発生する国（源泉国という）と所得を発生させた個人・企業の居住する国（居住国という）の間で，どのように税収を分け合うのが公平かと考える財政学の概念である。これまでの多くの研究や租税条約などで合意されていることとしては，

- 二重課税を引き起こさない
- 所得の源泉国にまず課税する権利を認める

- 税率については当事者の国で互恵的に適用する

などが公平性を満たすためには必要であると考えられている。経済活動が一国内でとどまらず，多国間にまたがっている現在，国家間の公平性をどのように考えるかはますます重要になっている。

EXERCISE

Q　租税における公平性について，教科書の記述を参考にしながらあなたの考えを述べなさい。

Key Word：応益原則，応能原則，水平的公平，垂直的公平，均等犠牲

COFFEE BREAK

●税金の無駄遣い

「税金の無駄遣いがあるので税金を払いたくない。」これは，講義などで財政に関する意見を求めると必ず複数見られる記述です。日本の財政は，大雑把に言って，150兆円の支出，90兆円の税収となっています。この150兆円という規模は一国の経済に占める相対的な割合で見ると他の先進国よりもかなり小さいものです。さらにこの中には借金の元金と利子を加えた30兆円が含まれています。政府支出に無駄遣いが大きいというのは何を意味するのでしょうか。

税金の無駄遣いは，大きく２つに分けられます。１つは，もともと行政が担う必要のない事業に国や地方公共団体が踏み込んでいるケースです。もう１つは，同じ公共サービスを提供するのに適正な水準よりも高いコストをかけてしまっていることです。公共事業における談合のために競争が行われた時よりも建設費が高くなったり，業務内容に見合う以上の人件費が計上されていたりするのはこの例でしょう。もちろん，談合やカラ出張等は明らかな不正ですから，法的な規律が重要になります。しかし，日本ではもともと他の先進国と比較して政府支出のウエイトは低いのですが，これらの無駄遣いがそれほど大きいとするならば，日本は政府が財政を通じて果たしている役割はさらに小さいということになります。しかしこれは本当なのでしょうか。不正な行為による無駄遣いに対するチェックが必要であることは言うまでもありませんが，政府が果たすべき役割として，言い換えると，皆が税金で支えるべき仕組みとして，現在の規模や内容が適切なものなのかどうかについて皆で検討する必要があると思います。

第8章

中　立　性
——租税原則(2)

税は何らかのかたちで民間の経済活動に影響を及ぼすものである。これに対して，望ましい税にはできるだけ中立的であることが求められる。本章では，課税によって生じる効率性の損失を意味する超過負担の概念を中心に中立性の原則について解説する。

8.1　市場経済の効率性

● 市場の均衡

資本主義経済のもとでは，財，サービスの価格や量が市場で決定される。そして市場の失敗のケースを除き，結果がもっとも効率的な解となるというのである。この市場での均衡が社会的な厚生の観点から見て最も望ましい解であることは社会的余剰の考え方から示される。

いま社会全体で，ある財の需要曲線と供給曲線が**図8－1**のように示されるとする。需要曲線は追加的な財の消費から得られる追加的な効用つまり限界効用曲線である。消費の限界効用は消費を1単位増加させるごとに追加的に支払ってもよいと考える金額で表され，財の量が増えるほど低下

図8－1　市場における需要と供給の均衡

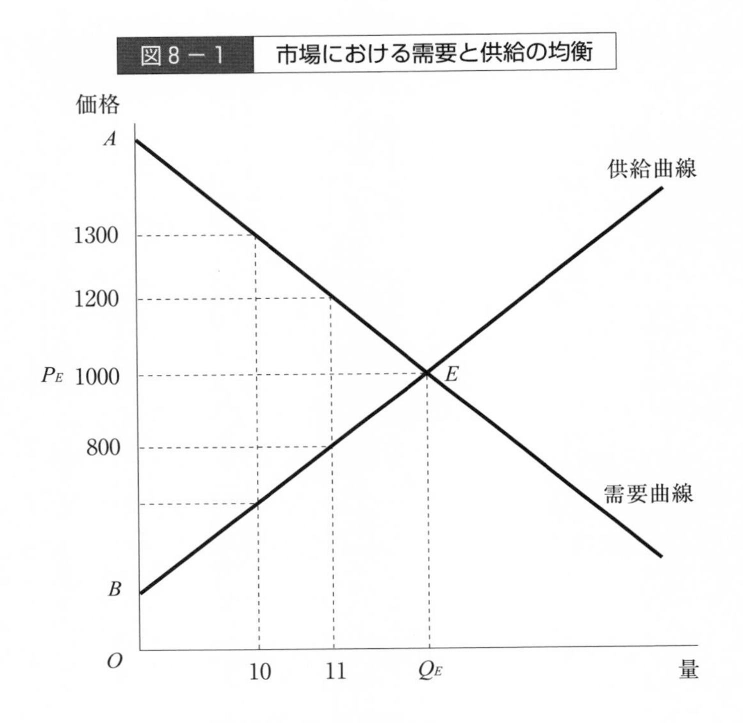

する。したがって，需要曲線は右下りの形状を示す。たとえば消費量を９個から10個に追加するためには，1,300円支払ってもよい，言い換えると10個は1,300円と評価し，10個から11個に追加するためには1,200円支払ってもよい，つまり，11個目は1,200円と評価する，というように消費を１単位増加させるために追加的に支払ってもよいと考える金額は次第に低くなる。

一方，供給曲線は，生産者にとっての限界費用曲線である。限界費用とは，財を追加的に１単位生産するのに要する追加である。ある財の生産においては，投入物を１単位追加するごとに追加的に生産される量（限界生産力）は逓減する。したがって，生産物を１単位増加させるために必要な投入物の量は拡大することになり，投入物の購入に必要な追加的な費用である限界費用は生産量の拡大とともに上昇する。生産者は，生産物を１単位増加させるのに必要な費用を獲得することができればその１単位を供給するという意味で限界費用曲線が供給曲線となる。たとえば10個から11個に生産を増やすために，追加的な費用が800円であるとすると，それを売ることによる追加的な収入が800円以上であれば11個目を供給するが，追加的な収入がそれを下回るのであれば10個までしか供給しない。

先の消費者の例では，11個目に対して支払ってもよいと考える金額は1,200円であったので，生産者はこの11個目を供給することになる。このように需要曲線で示される金額が供給曲線の金額を上回る限り，生産量（消費量）は拡大し，それは２つの曲線が交わる点 E にまで続くことになる。点 E よりも右側では，生産者の追加的な費用の方が消費者の追加的に支払ってもよいと考える金額よりも高くなるため，取引は成立しない。つまり，需要曲線と供給曲線の交点である点 E で市場は均衡し，市場で取引される量は Q_E，価格は P_E と決まる。

社会的余剰

いま，均衡点 E での量と価格が，それぞれ20個，1,000円であるとすると，消費者にとっては最初の１個目から20個目まで全て1,000円で購入することができ，生産者にとっても全て1,000円で売れることになる。したがって，たとえば，1,200円と評価した11個目についても，1,000円で購入することができる。この差額の200円は消費者にとっては余分の効用を得られたわけであり，この部分を消費者余剰と呼ぶ。この消費者余剰は需要曲線が均衡価格よりも高い部分で（20個まで）生じ，需要と供給が均衡している状況では AEP_E の面積で表される。

一方，供給者について見れば11個目の生産には追加的に800円が必要ということであったが，均衡価格が1,000円であればその差額200円は生産者にとっては利潤になる。消費者の場合と同様に，均衡点までは供給を増やすことによって生産者は利潤を得ることができる。そして，図ではBEP_Eで示される生産者の利潤の合計を生産者余剰と呼ぶ。

需要と供給の均衡点で価格と量が決定されると，消費者と生産者のそれぞれに余剰が発生し，これを合計したAEBのことを社会的余剰という。この社会的余剰は需要曲線と供給曲線が交わる点Eで価格と生産（消費）量が決定されている時に最大になり，最も効率的な解が得られることになる。

8.2　税の導入

● 供給側への課税

図8－2は供給側である生産者の売上げに課税された状況を示したものである。

いま，生産者に対して，売上1個につき100円の税が課されるとする。そうすると，消費者に対して提示される供給曲線は，限界費用に100円ずつ追加したS'となる。つまり供給曲線は100円の幅だけ上昇に平行シフトする。新しい均衡点はFになり，消費者の支払う価格はP_1である。生産者は受け取った価格P_1のうち100円を納税することになり，手元にはP_2が残る。

この時の消費者余剰はAFP_1，生産者余剰はBGP_2で表される。そして，政府に入る税収はP_1P_2GFである。

● 需要側への課税

図8－3は需要側の消費者に対して購入1個につき100円の課税が行わ

図8－2　供給側への課税

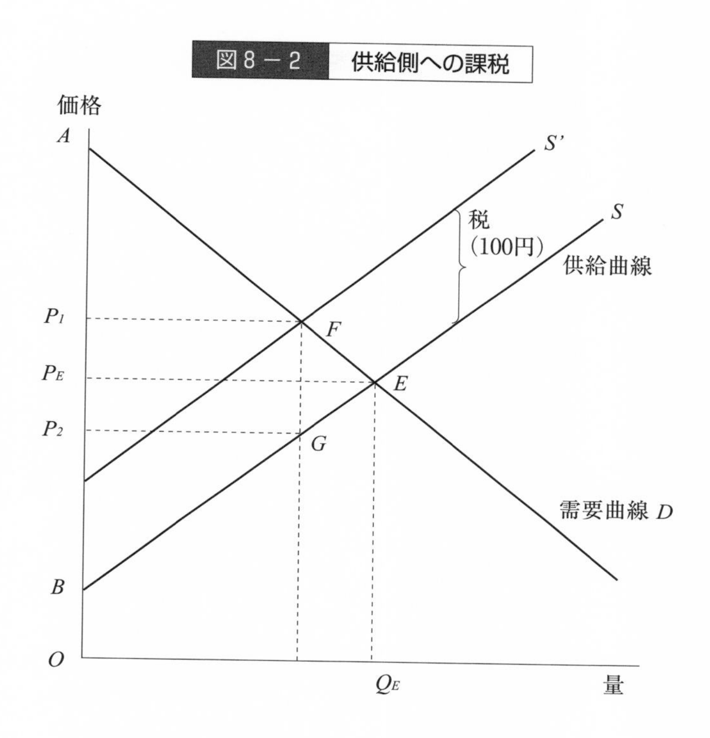

れる状況を示している。もともと需要曲線は消費を1単位増やすことによる限界効用，つまり追加的に払ってもよいと考える金額であるから，この額は課税によって変化はしない。

しかし，追加的に支払ってよいと考える金額のうち100円は税としての支払いに振り替えられるため，供給側の生産者からすれば，消費者から提示される需要曲線は税額分だけ下方にシフトしたD'になる。均衡点はGとなり，生産者が受け取る価格はP_2になるが，消費者が消費のために支払う金額は税負担を含めたP_1で表される。この時，消費者余剰はAFP_1，生産者余剰はP_2GB，そして，政府の税収はP_1P_2IHである。

ここで先の供給側への課税と比較してみると，1個当たりの税額100円，つまり（P_1-P_2）が同じであれば，供給側での課税と需要側での課税は

図８－３　需要側への課税

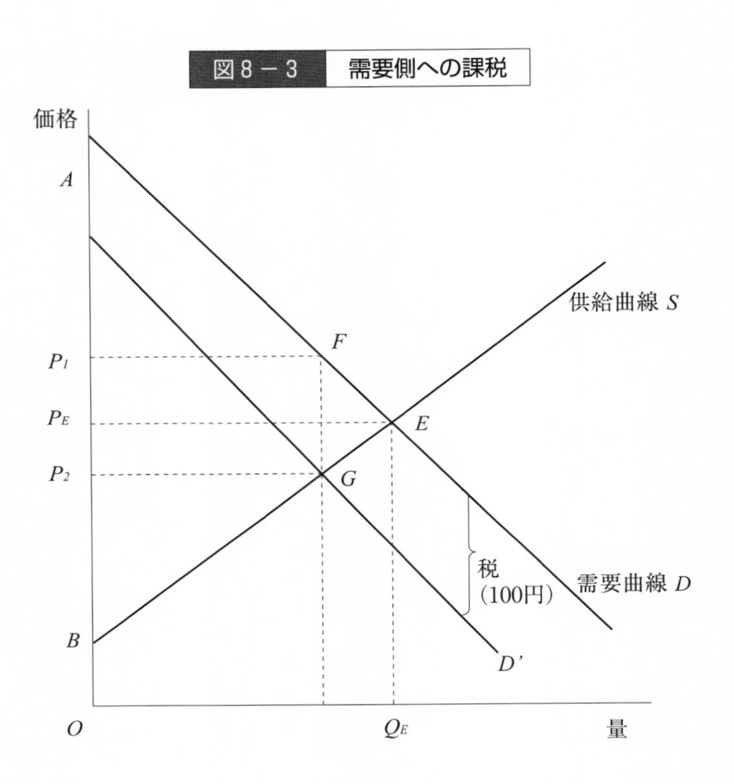

全く同じ結果になっていることが分かる。

需要側と供給側の負担配分

消費税のような財・サービスに対する間接税は供給側での課税であり，一般的には消費者に転嫁されるものと見なされている。ここでは財・サービスへの税が経済的にどのように負担されるかを検討する。

図８－２で示されるように課税後の消費者の支払い価格はP_1，生産者の手取り価格はP_2になり，課税前と比べて前者は（$P_1 - P_E$）だけ高く，後者は（$P_E - P_2$）だけ低くなっている。つまり，１個当たり100円の税

は（$P_1 - P_E$）と（$P_E - P_2$）の割合で，消費者と生産者が分け合う結果になっていることが分かる。

これを社会的余剰の概念で見ると，課税によって消費者が失った消費者余剰はP_1FEP_E，生産者が失った生産者余剰はP_2GEP_Eで表される。そして社会全体では，P_1FEGP_2の大きさの余剰が失われたことになる。支払い価格と手取り価格の変化として表される負担と余剰の減少として示される負担が，消費者と生産者の間でどのような配分になるかは，需要曲線と供給曲線の傾きによって決まる。たとえば需要曲線の方が供給曲線よりも垂直に近ければ消費者への負担配分が相対的に大きくなる。

超過負担

上に見たように，課税によって生じる社会的余剰の減少はP_1FEGP_2である。ただし，このうちP_1FGP_2は税として政府の収入になっており，政府は家計と企業に対してこれと同額の公共財の提供や補助金による支払いを行う。つまり，民間の経済活動で生み出される社会的余剰は一旦失われるものの，そのうちP_1FGP_2は社会に還元される。

しかし，失われた社会的余剰のうちFEGの部分は課税後も取り戻されることはない。この部分のことを課税による超過負担（excess burden）と呼び，課税によって生じた効率性の損失と見なされる。

中立性の原則

このように税は，市場で達成される効率的な均衡点で得ることができる社会的余剰を超過負担の大きさだけ喪失させることになる。そこで望ましい税としては，課税によって生じる超過負担をできるだけ小さなものにとどめることが求められるのである。これが，市場において達成される効率性にできるかぎり影響を及ぼさないという意味で，“効率性の原則”あるいは“中立性の原則”と言われる租税原則である。

課税によって生じる超過負担は，需要曲線と供給曲線がそれぞれ垂直に近い時に，言い換えると，価格に対する弾力性が低いほど小さくなることが分かる。

需要の価格弾力性が低い財・サービスとしては，価格が低いからといって消費が拡大するわけではなく，価格が上昇してもある程度の量は必ず消費する生活必需品が担当する。一方，供給の価格弾力性が低いものとしては土地のような社会全体に存在する量が固定的なケースが考えられるが，このような例はそれほど多くない。

したがって超過負担を小さくするためには売上税の課税対象を需要の価格弾力性が低い生活必需品とすればよいということになる。このような中立性の需要の観点から必需品課税を求める原則は“ラムゼー・ルール”とも呼ばれる。

8.3　消費行動への中立性

複数の財の選択を考慮した超過負担

これまでは，1種類の財・サービスについて市場での均衡によって達成される効率性に対して，税がどのように影響するかを見た。次に，所得や時間など限られた制約のもとでの効率的な選択に対して，税がどのように影響するかを示すことにする。

今，消費者の所得がYで，jとkという2つの財を消費するものとする。2つの財の価格をそれぞれP_j，P_kで示すと，

$$Y = \alpha\ P_j + \beta\ P_k$$

で所得 Y のもとでは，α と β という組み合わせが可能である。また α と β の範囲は，それぞれ，

$$0 \leqq \alpha \leqq Y/P_j,\ 0 \leqq \beta \leqq Y/P_k$$

になる。つまり，j の消費が0のとき k の消費は Y/P_k，k の消費が0のときには，j の消費が Y/P_j で示される。

図8－4は横軸に j 財の消費量，縦軸に k 財の消費量を取って，消費の均衡状態を示したものである。

A は，所得 Y を全て用いて j 財を消費する時の j 財の量で，$A = Y/P_j$，B は全て k 財を消費する時の k 財の量で $B = Y/P_k$ である。そして，直線 AB が，所得 Y を全て使った j と k の消費量の組み合わせであり，これを

図8－4　消費者均衡と課税の効果

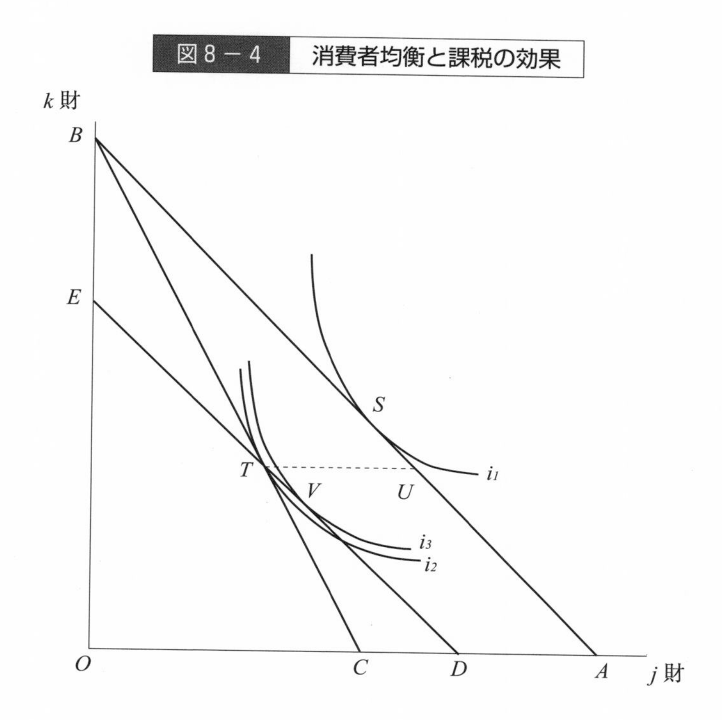

予算（制約）線と言う。

消費者は，所得 Y という制約のもとで，j 財と k 財の消費によって得ることのできる効用（満足度）が最大になるように選択する。その均衡を示すために用いられるのが無差別曲線である。

無差別曲線とは，2つの財から得られる効用の合計が一定となる消費量の組み合わせを結んだものである。j，k という2財であれば，ある組み合わせから j を1単位減少させれば合計の効用は減少する。この減少分を k を増加させることで補えば，もとの組み合わせと同じ水準の効用が維持される。

したがって，無差別曲線は右下りの形状をとる。消費量を拡大して行くと追加的に得られる効用（限界効用）は減少するという限界効用逓減の法則より，さらに j 財を1単位減少させると，先の1単位よりも失われる効用の量は拡大する。

他方，k 財について見れば，その消費の増加による追加的な効用の拡大は小さくなるため，先の j 財1単位を補ったよりも消費量を大きく増やさなければならない。そのため右下りの無差別曲線の傾きは縦軸に近づくほど急になり，右方へいくほど水平に近づくという原点に対して凸状の形をとることになる。無差別曲線は図中に無限に描くことができるが，互いに交わることはなく，右上に位置するほど総効用の水準は高いことを意味している。

図8－4のように，所得が制約があるもとでは，予算（制約）線 AB の上で，最も右上に位置する無差別曲線 i_1 と接する点 S で j と k の消費量を決定する。これが消費者の均衡である。

ここで，2財のうち，j 財のみに課税が行われるとする。k 財には課税されないために所得を全て k 財の消費にあてる B 点は変化せず，予算線は BC にシフトする。この新しい予算線上での均衡点は，無差別曲線 i_2 と接する点 T になる。そしてこのときの税収は，j 財で測って TU に相当する。

ここで，点 T を通って AB と平行な予算（制約）線 DE を引く。この DE は，j 財と k 財に同じ率で課税していることを意味している。そしてこの線上であれば j 財で測った TU と同じ規模の税収が確保されることになる。

そして DE 上での均衡は無差別曲線 i_3 と接する点 V で求められる。点 T と点 V は税収は同じ規模であるにもかかわらず，均衡点で得られる効用は点 V 上の方が高くなっている。したがって，i_3 上での効用と i_2 上での効用の差が j 財のみに課税することによる超過負担と見なすことができる。

消費の理論では，両財に同率で課税する場合を基準にして経過負担が示される。図8－4からわかるように，超過負担が生じている要因は，課税が行われない状況と比較して，j 財と k 財の価格の比率である予算（制約）線の傾きが変化していることである。

消費の選択について見れば，特定の財に対する課税よりも，財の価格の相対的な関係を維持する課税の方が，市場で決定される効率性を損なわないという意味で中立的である。

● 他の経済活動への応用

2財モデルでの消費者選択の均衡は，いくつかの他のケースでの選択にも応用することができる。

その1つは，現在消費と将来消費の選択に関するものである。図8－4において，横軸に現在消費，縦軸に貯蓄，つまり将来行う消費をとれば，総効用が最大化される現在消費と将来消費の選択を示すことができる。この場合の予算（制約）線の傾きは（1＋利子率）になる。

そして，予算（制約）線が平行にシフトするように現在消費と将来消費に等しく課税することができるのは，現在から将来にかけて同じ仕組みが維持される消費課税や，支出額を課税ベースとする直接税の“支出税”である。他方，貯蓄からの利子に対する課税は，予算（制約）線の傾きを変えてしまうために超過負担を発生させる。

また別の例としては，一定の利用可能な時間を，所得を得るための労働に充てるか，余暇に充当するかの選択が考えられる。この場合は，個人（家計）は，所得からの消費活動と余暇の２つから効用を得，その合計が最大になるように余暇と労働の時間を決定する。

たとえば，アルバイトを多く行えば，得た所得を使ってレジャーを楽しむ時間がなくなり，アルバイトを減らせば時間ができてもレジャーに充てる資金がなくなる。この両方のバランスを取るように行動する状況を考えれば分かりやすい。つまり，お金をたくさんかけて短時間の余暇ですますか，お金はかけずに長い余暇を過ごすかの選択である。

このような選択が行われるもとで，所得税を考慮すると，所得にのみ課税され余暇（時間）は課税対象とはならないために，予算（制約）線の傾きを変化させる。

一方，予算（制約）線の傾きを変化させない課税は，所得金額とは無関係に一定額を徴収する定額税である。これは“一括固定税”とも呼ばれる。この“一括固定税”を基準にすると，所得を課税ベースとする課税のもとでは，超過負担が発生するということになる。

8.4 効率性とその他の基準

● 効率と公平のトレードオフ

公平性を追求するための累進課税が勤労意欲に影響を及ぼす可能性があることは，第７章で述べたとおりである。これと同様に，中立性の原則に基づく必需品課税は，同時に公平性の原則のうち垂直的公平性の考え方とトレードオフ（二律背反）の関係にある。

担税力を所得に取るとその中で生活必需品に対する支出が占める割合は，低所得者ほど高くなる。つまり，生活必需品に対する課税による税負担率は，所得が低い人ほど高くなる逆進的な傾向を示すことになる。この点は，消費支出を担税力の指標とした場合でも同様の結果となる。

垂直的な公平に関する考え方では，一般に，所得（担税力）に対する負担率は高所得者ほど高くなる累進的な構造が望ましいとされており，逆進的な負担構造をもたらす生活必需品への課税は示持されない。

このように，複数の租税原則の間には多くのトレードオフの関係があるが，超過負担の最小化を目指す中立性の原則と公平性の間で生じるそれは，典型的なケースである。

前節で述べたように複数財を用いて一般均衡を考慮した場合には，全ての財に一律に課税する方が中立的であるという結果であった。これには，日本の消費税のような一般的な消費課税が当てはまるが，消費税に関する議論でも指摘されるように，所得税と比較すれば明らかに負担の逆進性が生じ，垂直的な公平の確保とはトレードオフの関係にある。

また，所得を課税ベースとすることで公平性を実現しようとすると利子所得にも課税する必要が生じるが，これが現在消費と将来消費の選択に歪みを引き起こすこともトレードオフの1つである。そして，所得に課税することによる，余暇と労働（所得，つまり消費額）の選択に及ぼす歪みを避けるためには定額での課税が必要であるが，これは明らかに低所得者にとって大きな負担率となり公平性の面からは支持されない。

税率と税収の関係

課税は，財・サービスの売買にとどまらず，さまざまな面で経済活動に影響を及ぼす。極端なケースで言えば，労働の成果である所得に対して

図8－5　税率と税収の関係

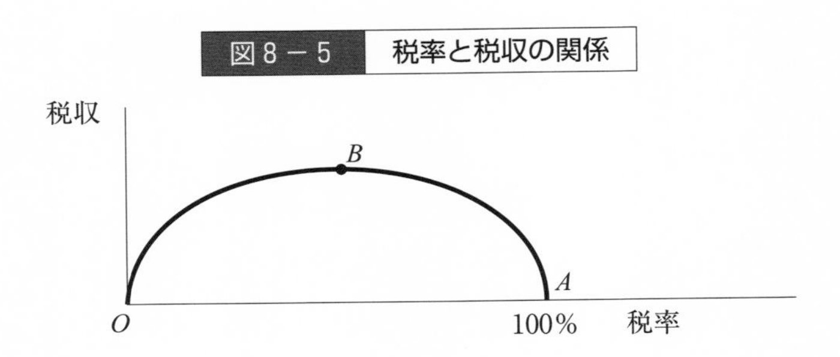

100％の課税が行われるならば，誰も働こうとはしない。

図8－5は，横軸に所得に対する税率，縦軸に税収を取って両者の関係を描いたものである。税率が0％であれば税収も生まれず，このグラフは当然，原点 O を通る。そして税率を上げていけば次第に税収は増加するという右上がりの形状を示す。だが，税率が100％，つまり所得の全額が税として徴収されてしまうのであれば勤労意欲はなくなり，結局は税収も0になる。したがって，グラフは原点からはじまって，A 点へ向かう。税収の最大化を目指すならば B 点を実現するような税率を探し出すことが必要ということである。

そして，現状が B 点よりも右側に位置しているのであれば，税率を引き下げることでかえって税収は増加することになる。このような税率と税収の関係は1980年代のレーガン政権下での税制改革議論の中でその提唱者の名前を取った“ラッファーカーブ”として大きな注目を集めた。

効率性と経済活力

近年になって，企業課税のあり方と効率性の原則の関連が大きく取り上げられるようになった。アメリカで発表される税制改革関連のレポートでも，タイトルに“活力”や“成長”がキーワードの1つに組み入れられている。また日本でも，「租税原則の中立性に替えて活力を」という主張もなされるようになった。

租税原則の効率性が，税制が市場で効率的に行われる決定に作用を及ぼさないという意味で中立性を意味することはすでに述べた。したがって，現実の税制が経済活動に対して非中立的に作用し，その結果成長も阻害されているのであれば，中立性という意味での効率性の追求は，活力や成長と両立する。

他方，経済政策の一環として，資本蓄積の促進という目標のために貯蓄を優遇したり，特定の産業を育成するための政策税制を導入することも十分に考え得る。この場合は，一定の政策目標の達成のために税制の中立性を犠牲にすることの是非が問題になる。効率性（中立性）と活力の問題は，対応すべき課題は何か，一国の経済が目指すべき方向性はどこにあるのか，をまず検討したうえで議論を進める必要がある。

EXERCISE

Q　超過負担をできるだけもたらさないような税とは何か。日本の税制をもとに考えてみなさい。

Key Word：超過負担，社会的余剰，一括固定税，消費税

COFFEE BREAK

●デジタル化とどう付き合うか

2020年は世界的に新型コロナウイルス感染症の拡大によって，大きなダメージを受けました。その中で，特に日本では改めてデジタル化（DX化）への注目を高めました。

新型コロナ対応で2020年に日本で実施された10万円の一律給付は，自治体によってスピードが異なり，また時間がかかることに対する批判もありました。仮に全ての人のマイナンバーが確立し，それが各個人の口座と連結して，行政による本人確認がオンライン上で処理することができれば，はるかに迅速に処理された可能性があります。ただし，いずれも個人情報の厳重な管理と信頼性を前提にしていますが。

国連が示す電子政府ランキング（E-Government Survey）では2020年の日本の順位は14位でした。お隣の韓国は2位で，日本よりも早く行政の電子化が進められています。日本で“IT革命”と言われたのは1990年代のことです。それ以降，機器と技術の発展は驚くべき速さで進んでいます。しかし人の発展はそれほどのスピードではありません。コロナ禍の中でオンラインでの授業や会議も増え，人による機器の活用は拡大しました。一方で，個人情報の管理が問題になるケースもあります。これから，デジタル化とどのように付き合っていくのかこれからも考えておく必要がありそうです。

第９章

簡素，徴税費と納税協力費
――租税原則(3)

本章では租税原則の１つである簡素とそれに関連して徴税費と納税協力費について取り上げる。簡素は重要な租税原則であるにも関わらずこれまで財政学の教科書では等閑視されてきた。税制の具体的な円滑な運営においては効率性や公平性と並んで徴税費や納税協力費がいかに重要であるかを理解することを目的とする。

9.1　簡素の原則

●　簡素と最小徴税費

一国の税体系は複数の税制が組み合わされて成り立っている。そして，社会経済の発展にともなってそれぞれの税制は複雑化している。そこで重要になってくる租税原則が「簡素」である。1984年の米国財務省報告『公平・簡素および経済成長のための税制改革』において簡素が大きく取り上げられている。実際その後の各国の税制改革の動きの中で「公平」「中立」とともに１つのスローガンとして注目されるようになった。

しかし，この簡素という租税原則は20世紀を待つまでもなく，古くから税制度を構築する際の重要な指標だとされていた。第7章で述べたアダム・スミスの租税原則の1つである明確性の原則も，納税者にとって税を納める仕組みが分かりやすい，言い換えれば簡素であることが必要であるということにつながる。

簡素性は税制が簡単である，簡単に理解できるという意味の他に納税しやすい性質という意味も合わせ持たされている。

たとえば，2000年の政府税制調査会の答申では「「簡素」の原則とは，税制の仕組みをできるだけ簡素なものとし，納税者が理解しやすいものとするということです。」ということの他に，「税制が簡素で分かりやすいこと，自己の税負担の計算が容易であること，さらに納税者にとっての納税コストが安価であることは，国民が自由な経済活動を行う上で重要です。また，納税者側のみならず，執行側のコストが安価であることも税制を検討する上で重要な要請です。」と述べている。つまり，アダム・スミスの原則でいう徴税費最小の原則も含むものと考えられている。そこで以下では簡素のこの2つの内容について順に述べることにする。

簡素の意味

租税原則論の「簡素」の意味するところは，簡単な税の方が望ましいということであるが，この場合の簡単さとは，税（制）の「何」についてのものであるかは必ずしも明瞭ではない。一般的には税制調査会の説明にあるように，「仕組み」が簡単であるということであるが，これでも税制全般の仕組みについての簡単さであるのか，個々の税自体についての簡単さであるのかも明瞭ではない。

前者であるなら，国税・地方税ごとに多数の税がある現在の税制は簡素からはほど遠く，単税制度を採用していれば簡単明瞭な仕組みとなる。後者であるなら，たとえば，所得税における課税所得の計算が1枚の表を見るだけで計算できれば簡単であると考えることもできる。

簡素についてなされている議論を見ると，税制全般の仕組みについての簡単さを取り上げているものは少なく，個々の税についてその仕組みが簡単であることを求めているものがほとんどである。

日本の所得税を例に取ると，税率表が複雑で税率の数が多いことが簡素の反対例としてよく挙げられてきた。税率が多いと自分の課税所得がどの税率の適用を受けるのか分かりづらいという理由であろうが，所得税の速算表があれば課税所得さえ分かれば支払うべき税額は簡単に求めることができるので，税率の数が少ないということは見た目の「簡素さ」にすぎず，税額計算上の簡素さとは必ずしも一致しない。たとえば，課税所得自体を計算することが煩雑であると，税率の数が少ないからといって簡素さは実現されない。

● 簡素と公平性のトレードオフ

所得税の所得控除制度は種類も多く，納税者によっては適用を受けない控除項目もあるので，「簡素＝分かりやすさ」という理解からは，簡素とは言えない制度になっている。それでは控除制度を整理・統合すればよいかというとそうでもない。それは，所得税では担税力を測る物差しとして課税所得を計算するが，各種控除を事細かに考慮することによって担税力の大小を調整している面があるからである。

つまり，負担配分における公平性を達成するために，各種控除制度を用いて各納税者ごとの担税力の大小を計算しているのである。これらの控除制度を縮小することによって，極端な場合にはなくしてしまうことによって，簡素さは達成されるかもしれないが，同時に担税力を正確に測るという意味での公平性はそがれることになる。効率性と公平性の両立が難しいように，簡素性と公平性の両立も税制を構築する際には難しいのである。

9.2　徴税費最小の原則

税務行政費

「徴税費最小」という言葉は，税を徴収するために必要な費用ができるだけ少ない方がいいという意味である。最も狭い解釈では，税務署などの税務当局が徴税のためにかける費用，具体的には税務職員の給与や税務署の維持管理費などが徴税費とされるが，税を徴収するためには，納税者側が税を支払うために必要となる費用がある。

具体的には，帳簿をつけたり，税理士を雇ったりと直接・間接の費用が生じる。このように税務当局側の徴税にかける費用を税務行政費用，納税者側の税を支払うためにかける費用を納税協力費用と呼んでいて，広義の徴税費とはこれら税務行政費用と納税協力費用の双方を含んでいるものと捉えることができる。

元に戻ってアダム・スミスは『国富論』の第5章で「徴税費最小」について「あらゆる税はそれが国民のポケットから取り出される額が国庫に入る額を超えることができるだけ少なくなるように考案されるべきである。」(筆者訳）と述べている。「国庫に納入される分以上」という表現を用いているが，その内容は税務職員の俸給のみを指しているのでもなく，また広義の徴税費のみを指しているのでもない。「税は産業や国民を阻害し，彼らがある種類の事業を志願するのをやめさせて，そのことが保守や失業をかなりの程度生じさせる。」という文章から，今日の財政学の用語で「超過負担」（第8章参照）のことを指していることがわかる。

本来であれば，スミスのいう意味での徴税費最小を考えるのが経済学的・財政学的には妥当であると思われるが，税制を構築するものにとっては超過負担の具体的な計測は困難を極めるので，目に見える形の徴税費，すなわち税収1単位当たりの税務行政費用と納税協力費用の合計をできるだけ低くすることが具体的な税制構築の際の目標となる。ただし，納税協力費用の測定は少なくとも日本では公式に行われたことがなく，納税協力費用を具体的に下げようとする（数値）目標自体も掲げられたことはないが，税制の構築や制度改正のときに納税協力費用を下げることは常に念頭に置かなければならない。

税務行政費の推移

日本の国税および地方税について100円当たりの徴収費用（税務行政費）の推移を見たのが**図9－1**である。国税庁によると，2020（令和2）年度の国税庁予算総額は7,194億円で，その内訳は，人件費を除く一般経費が1,572億円，人件費が5,621億円となっており，ほとんどが税務職員の給与となっている。

図を見る限りでは，国税よりも地方税の方が100円当たりの徴収費用が

図9－1　国税・地方税の徴収費用の推移（100円当たりの費用）

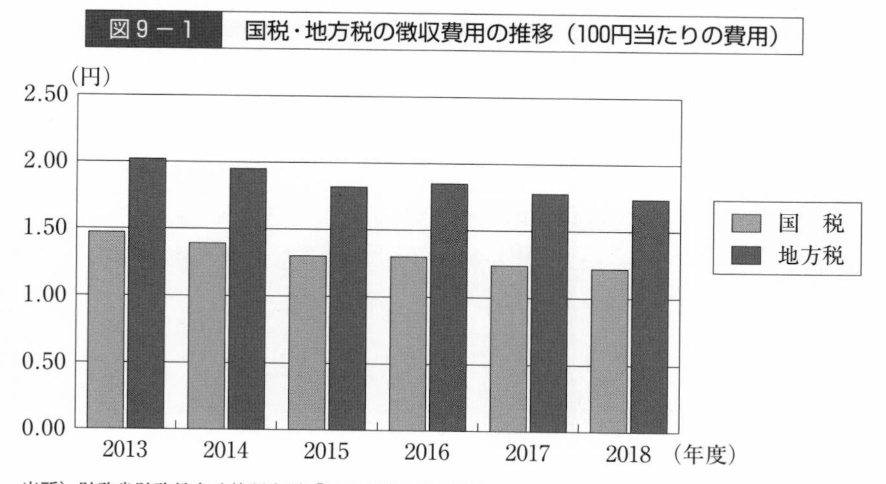

出所）財務省財務総合政策研究所『財政金融統計月報』817号。

高くなっているが，この数字だけで国税の方が税を効率よく徴収しているとは即断できない。徴収するのに労力と時間がかかる税目を抱えている場合は，そうでない場合よりも多くの費用を要するのは明らかであるし，税収の多い税目を抱えている場合には単位当たり徴収費用が下がるのも明らかであろう。

具体的には，国税の方が個々の税目がもたらす税収が大きいことと，地方税には土地や建物の評価をともなう固定資産税が置かれていることが地方の税務行政費が相対的に高くなっている要因になっている。

● 納税協力費用の測定

日本で納税協力費用が公式に測定されたことはない。海外では，2005年にニュージーランド内国歳入庁が出した“Measuring the tax compliance costs of small and medium-sized businesses-a benchmark survey (Final Report)”に事業者の規模別に納税協力費用を測定した結果が載っているので，ここではそれを参考に述べる。

図9－2は事業規模別に年間でどれだけの納税協力費用が発生したかをグラフにしたものである。対象とした税は，源泉で徴収される源泉所得税であるPAYE，現金以外の形で給与を渡すことに対して課税される付加給付税FBT，財・サービスに対する課税で付加価値税（日本の消費税）にあたるGST，そして所得税の4つである。

図の金額は，これら4つの税を納税するのに要した費用を従業員規模を，

Nil employees : 0人
Micro : 1－5人
Small : 6－19人
Medium : 20人以上

と分類し，1事業者当たりの平均値で示したものである（単位はニュー

図9－2　ニュージーランドの平均納税協力費用

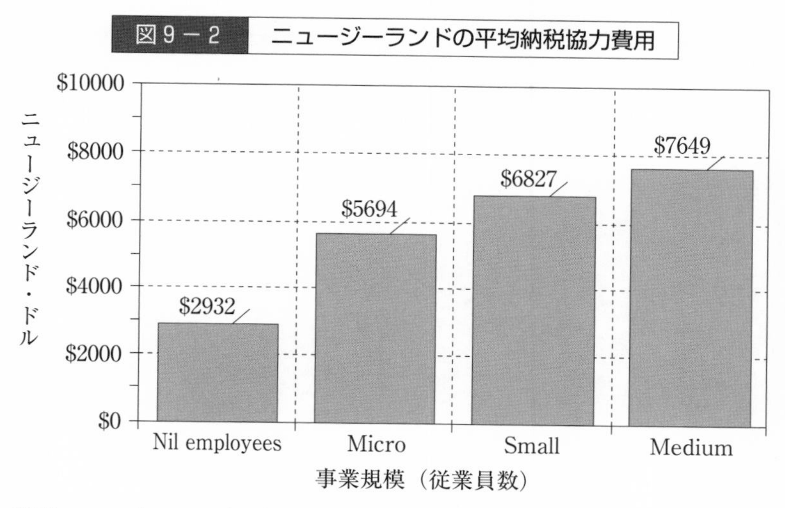

資料）ニュージーランド内国歳入庁上掲書 Figure 1。

ジーランド・ドル）。納税協力費用の中には自らが帳簿をつけて管理する場合の費用もあれば，税理士に依頼して納税作業をしてもらう場合にかかる費用などさまざまなケースの費用があるが，事業規模が大きくなるほど絶対額でみた費用は上昇することが分かる。

図9－3は対売上高で見て納税協力費用がいくらの割合を占めるかを，年間売上高で見た事業者の規模別に表している。事業者はAからGの順に大きくなって，その内訳は，

A：-$19,999

B：$20,000－$39,999

C：$40,000－$99,999

D：$100,000－$249,999

E：$250,000－$499,999

F：$500,000－$1,299,999

G：$1,300,000－

図9－3　売上高に占める納税協力費用の割合（ニュージーランドの事業者の場合）

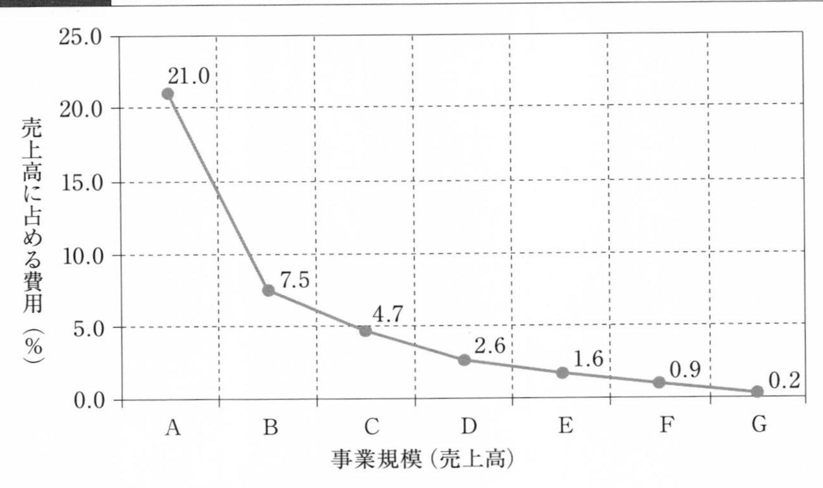

資料）ニュージーランド内国歳入庁上掲書 Figure 2。

となっている。一見して分かるように，年間売上高が非常に低いＡグループの事業者の納税協力費用は実に売上高の２割以上を占めている。

それに対して年間売上高が130万ニュージーランド・ドルを上回るＧグループの事業者では売上高の0.2%にとどまっている。納税協力費用も納税者側の負担の一種であるから，事業規模で見て負担の逆進性が観察される。納税協力費用をめぐる逆進性については，イギリスにおけるサンフォード教授の研究によってすでに発見されている。

9.3　税制の簡素化と課題

●　所得税の源泉徴収制度

第10章で見るように，所得税の税率構造は1970年代から80年代終わりにかけて大幅に変わった。たとえば1974（昭和49）年の所得税の税率は最低が10％であり，以降税率の刻みが２％から５％と大変細かくなっており，最高税率は75％にも達していた（賦課制限はあるものの住民税と合わせると最高税率は93％にもなっていた）。税率の刻み数は実に19にも上っていた。

その後，大きく税率構造が変わったのが1988（昭和63）年の税制改革時であった。最低税率は10％であるものの，税率が10％ずつ上昇し，最高税率は60％で，刻み数が６にまで減少した。さらに，1999（平成11）年には税率の刻みが４にまでなり，住民税と合わせた最高税率が50％にまで引き下げられた。ただし，上で述べたように税率の多寡と税額計算上の簡素性には必然的な関係はない。

日本の所得税制度は他の国と同様に給与所得者の所得に対しては給与支払者である会社などを源泉徴収義務者として源泉徴収制度を採用している。所得税は１年間に得た所得をもとに課税所得を求め支払うべき所得税額を計算するが，毎月の給与から源泉徴収で徴収した所得税額と本来支払うべき所得税額が一致することはまずない。そこで本来支払うべき所得税額を計算する必要がでてくるが，年末に給与支払者が使用人などに代わって本来支払うべき税額を計算する作業を行っており，それを年末調整と呼んでいる。

たとえば，年が変わって子供が生まれ，扶養親族が増えたとする。所得税法では12月31日の時点で扶養親族などの認定を行っているので，当然子供が生まれて以降の源泉徴収ではその分が反映されていない。そこで年末調整で扶養控除を行って課税所得を確定し，場合によっては徴収しすぎていた税額を還付するのである。

「簡素＝手間がかからない」と定義するならば，一般の給与所得者，いわゆるサラリーマンにとってはこれほど簡素なシステムはない。つまり通常であれば行わないといけない確定申告の必要がなくなるからである。ただし，この年末調整制度には次のような問題点がある。

第一に，年末調整を受けている給与所得者の多くは自分が支払っている所得税額がいくらであるかが分かりにくくなる点である。かつて行われた世論調査の結果によれば給与所得者の多くは支払っている所得税額を知らないのに重税感を感じているという不思議なことが起こっている。

第二に，年末調整を実際に行っている会社などにかかる費用，つまり納税協力費用が年末調整を行っていない場合と比べて上がっている。その反面，税を徴収する側にかかる費用，つまり税務行政費用が年末調整を行っていない場合と比べて下がることになる。

第一の問題点は，納税者自身が自分の支払っている税額が分からないようになっているということである。正確には源泉徴収票に徴収された税額が記載されているので分かることになっているが，自分で実際に確定申告を行った場合と比べて，納税額についての関心が低くなるのは否めないところである。

支払った税額が分からないということで，税の使い途についての関心も低くなりがちである。税の使い途について国民自らが関心を持ち監視するという意味の財政民主主義の考え方からは，源泉徴収・年末調整のみで納税が完結する仕組みは問題のある制度であるということができる。アメリカのようにサラリーマンであっても必ず確定申告をしないといけない国もある。ただし，この場合は会社などの納税協力費用が下がる反面，給与所得者の納税協力費用はこれまでと比べるとかなり上がると予想される。

また，日本で5,000万人強の給与所得者がすべて確定申告を行うとすると，確定申告時に対応する税務職員の増加や飛躍的に増加した確定申告書のチェックに多大な時間を要するなど税務行政費用が増大する。納税者自身であるサラリーマンの納税協力費用と税を徴収する側の税務行政費用が上がる点には注意が必要である。

このように，どのような納税の仕組みをつくるかによって，税務行政費用と納税協力費用のどちらか一方が下がったり（＝両者が反比例の関係にある），両者とも上がったり下がったり（＝両者が正比例の関係にある）とさまざまな関係になる。

● 電子申告

所得税の簡素化に関連して近年注目を浴び，また利用件数が増えている電子申告について最後に触れておきたい。電子申告とはこれまでの紙による申告とは違って，インターネットなどのオンラインの手段を使って自らの所得などを申告するものである。自ら税務署に限られた時間に足を運び，また必要な書類や申告書自体をもっていく必要がなくなり，自宅や会社にいながら申告ができるシステムである。

日本でも2004年度から国税電子申告・納税システム（e-Tax）として利用が開始されているが，電子証明書の取得や有償でカードリーダーを用意しないといけないことなど利用のための障壁が高く，利用率が思ったほどには上がっていない。

一方，電子申告の先進国アメリカではE-filingというシステムをすでに20年以上運用している。アメリカ内国歳入庁の2007年８月時点の数字（2007 FILING SEASON STATISTICS による）では，個人所得税の申告書の総数の内，実に58.7％が電子申告によるものである。電子申告は納税者個人でするものと税理士に行ってもらうものの２通りがあり，前者が

28.6%，後者が71.4%となっている。2013年には個人の80%近くが電子申告を行うまでになっている（出所：http://www.irs.gov/Tax-Professionals/e-File-Providers-&-Partners/Become-an-Authorized-e-file-Provider）。

日本と比較すると，アメリカでは電子申告自体の普及も高く，また，納税者自身が行っているケースも多い。アメリカの場合は連邦だけではなく，州政府もE-filingを行っており，電子申告についての調査（The CPA Journal 2005年10月号）によると，電子申告によって時間とお金が節約され，申告書を書くこと自体の間違いが減少したことが分かっている。

また，税を徴収する側でも電子化により申告書のチェックにかかる時間が減少した他，税の還付の手続きなどもオンライン化されることによってより迅速にしかも費用を以前ほどかけずにできるようになった。先に納税協力費用と税務行政費用は正比例・反比例などいろいろな関係にあると書いたが，電子申告の制度をうまく運用できれば両者が同時に下がることも実際に起こり得るのである。

これまでの経験から分かっていることは，電子申告制度がうまく機能するためには，制度を利用することにより時間・費用・手続き面で明らかにメリットが生じることを保証できることが何より必要で，納税協力費用だけではなく税務行政費用も同時に下がることが重要である。

また，申告書自体が簡素なことも必要である。いかにオンラインで手間が省けていたとしても申告書自体が複雑で分かりづらいと困ることになる。

さらに，申告書の内容自体が「分かる」ことの前提として，所得税，法人税，消費税などをはじめとした税制についての理解が必要である。課税当局側から納税者に対する税についての十分な情報の開示と共に，学校教育などで税についての理解を深めるいわゆる租税教育を十分行っておくことが必要である。

EXERCISE

Q　徴税費，納税協力費と税制の簡素の関係について考えなさい。

Key Word：徴税費，納税協力費，公平性

第10章 所得税の仕組み

本章では，シャウプ勧告以降，日本の税体系の中で一貫して主要な位置を占めてきた所得税について学ぶ。所得税は所得を課税ベースとしながら各納税者の経済的状況を考慮しながら課税する公平性を確保するように仕組まれているが，社会の複雑化とともにいくつかの課題も抱えるようになってきている。

10.1 所得課税の仕組み

● 税体系の中での所得税

所得は，個人および法人がその経済活動を通じて獲得するものである。したがって外国では，たとえば，アメリカのように，所得税の課税対象として個人および法人と定めているケースもある。これに対して日本で“所得税”という場合には，個人所得に対して適用される仕組みのことを言う。国税では所得税，地方税では個人に対する住民税（所得割，利子割，配当割，株式等譲渡所得割）がこれに相当する。

所得税は一般に，担税力の尺度として所得を利用し，所得が高くなるにつれて負担率が高くなる累進課税を行うことで公平性を確保する。日本ではこれまで，税体系の中で個人所得に対する税が重要な役割を果たしてきており，2020年度の予算では国と地方の税収総額の30％を占めている（図6－3参照）。

包括的所得税と分類所得税

所得税の考え方には，全ての所得を合算したうえで一つの税率表を適用して課税する包括的所得税と，所得の源泉や特性に着目して，所得の種類に応じて異なる課税方式を適用する分類所得税がある。

包括所得の代表的な概念は，ヘイグ＝サイモンズによって示されたもので，

所得＝消費＋貯蓄の純増

と定義される。

ただし，この包括的所得税の概念を厳密に実現するためには多くの課題が残ることも指摘される。たとえば，生産物の自家消費や家事労働など，金銭の支払いを伴わない帰属消費も所得として計上すべきである。また，売却による金銭の受け取りを行っていない資産価値の上昇分，つまり未実現のキャピタル・ゲインも貯蓄の純増として所得に含めなければならない。しかし，現実にはこれらを所得に合算して課税することは困難で，日本でも課税対象の所得として取り扱われてはいない。

また，包括的所得税では，所得が年ごとに大きく変動したり，大きな所得が一時的に発生する場合にも累進税率による高い負担が求められる。そのため，生涯を通じた所得が同じであっても，毎年度平均的に所得を得る人の方が生涯を通じた税負担は軽くなるという不公平も生じさせる。

日本では第２次大戦後に来日したアメリカのシャウプ博士の使節団に

よって示された「シャウプ勧告」によって所得課税中心の税体系を構築することとあわせて，所得税については包括的所得税である総合課税が基本的な原則として採用された。現在の所得税法でも，後述のように所得の種類は10に区分され，それらを合計する総合課税が原則となっているが，利子，配当など一部は分離課税の対象となっており，包括的所得税が実現されているとは言えない。

日本では，総合課税の原則から外れた例外的な取扱いとして分離課税が行われているが，所得の持つ特性に着目して異なる仕組みで課税する分類所得税が用いられるケースもある。

所得税算出の流れ

上記のように，包括的所得の概念では，所得は課税期間（１年）における消費額と貯蓄の純増と定義されるが，実際の制度設計では消費と貯蓄の２つの指標を把握することは困難で，何らかのかたちで所得額の算定を行わなければならない。一般に所得税制における所得額の算定は，収入からその収入を獲得するために要した経費を差し引くことで求められる。

つまり，

所得＝収入－経費

である。給与については給与収入が，そして事業所得については，売上総額から仕入れ原価を控除したものが収入にあたる。経費は，通信費，輸送費，人件費等，事業運営上必要となる経費である。なお，給与所得についてはその経費を概算で求める給与所得控除が用いられる。**表10－１**で示すように，現行の給与所得控除は給与収入が高くなるほど算入率が低くなるように設計されている。2010年代後半から相対的な高所得層の所得税負担を高める意図で給与所得控除の上限額がしだいに引き下げられ，2020年か

表10－1 給与所得控除（2021年）

給与収入		算出方法
	180万円以下	金額×40% －10万円
180万円超	360万円以下	180万円を超える金額×30% ＋62万円
360万円超	660万円以下	360万円を超える金額×20% ＋116万円
660万円超	850万円以下	660万円を超える金額×10% ＋176万円
850万円超		195万円（上限）
最低控除額　55万円		

らは給与収入850万円を超えると195万円で固定されている。給与所得に関しては，給与獲得のための特定の支出が給与所得控除の２分の１を超える場合には，確定申告によって，その超える金額を追加的に控除することができる（特定支出控除）。しかし，給与所得控除は簡便であり，同時に収入に対してかなり大きめに設定されていることから，実際に特定支出控除が選択されている例は極めて少ない。

なお，利子所得については，収入金額がそのまま所得金額として扱われ，現行税制では源泉徴収のみで課税が完了する。

所得の種類ごとに収入から経費を差し引いて求めた所得額を合算した額が総合課税の対象となる合計所得金額である。所得税制ではこの合計所得金額を直接各納税者の担税力と見なすのではなく，納税者の扶養家族の数やその他の経済状況に応じた担税力を求めるため，合計所得金額から各種の所得控除を差し引いて課税所得を算出する。そして，この課税所得に税率表を適用することによって税額が算出される。**表10－２**は，2021年現在の所得税の税率表を示したものである。今日の累進課税は課税所得が一定の水準を超えると，その超過分に対して高い税率を適用する超過累進税率の課税方式をとっている。

以上の仕組みを用いて，ここでは例として給与収入700万円で，夫婦子供１人のサラリーマンの所得税額を算出しておこう。この納税者には給与

表10－2　所得税の税率表（2021年）

課税所得金額		所得税率
	195万円以下	5%
195万円超	330万円以下	10%
330万円超	695万円以下	20%
695万円超	900万円以下	23%
900万円超	1,800万円以下	33%
1,800万円超	4,000万円以下	40%
4,000万円超		45%

以外の所得はないものとし，妻は無職，子供は中学生（16～18歳）とする。

まず，収入から給与所得控除を差し引いて所得金額を算出する。表10－1より，給与収入700万円の給与所得控除は次のように求められる。

(700万円－660万円)×10％＋176万円＝180万円

したがって，この納税者の所得金額は520万円である。これから基礎控除（48万円），配偶者控除（38万円），扶養控除（38万円），そして社会保険控除（70万円）を差し引いた326万円が課税所得になる。

そして表10－2の税率表を適用すると，税額は次のように求められる。

195万円×５％＋(326万円－195万円)×10％＝22万8,500円

10.2　所得税を巡る論点

●　控除制度と課税最低限

所得税制では一般に納税者の担税力を世帯状況等に応じて調整するために所得控除制度が設けられている。この控除制度は，同時に所得が一定水

準に達するまでは課税対象とはならないという仕組みになり，この水準のことを課税最低限という。

先に見たように，税率表が適用される課税所得は次式で求められる。

所得全額－所得控除＝課税所得

そしてこの課税所得がちょうど０になる所得が課税最低限である。今日の日本では，ほとんどの納税義務者が給与所得者であることから，課税最低限も給与収入ベースで把えられることが多い。つまり，次式の課税所得がちょうど０になる給与収入が給与所得者の課税最低限となる。

給与収入－給与所得控除－所得控除＝課税所得

所得控除のうち基礎控除は所得を持つ全ての人に適用され，配偶者，扶養控除は世帯人員によって決まる。

基礎控除については，2020年に10万円引き上げられて48万円となった。それと同時に，所得金額が2,400万円超になれば控除額が減額され，2,500万円で基礎控除の適用はなくなった。

子どもについては，民主党政権下での子ども手当ての創設と高校の実質無償化にともなって，2011年分の所得から15歳以下の扶養控除（従来は38万円）が廃止され，16～18歳は特定扶養控除（63万円）から一般の扶養控除（38万円）へと引き下げられた。

社会保険料控除は一定額以上の収入を持つ人が全て支払っている，医療，年金，介護といった社会保険料の自己負担額（雇用主負担を除く）を全額控除するものである。給与所得者の場合はほぼ給与収入に比例し，課税最低限の算定においては，収入額の15%として計算されている。また，経費の概算控除である給与所得控除も給与収入の水準に応じて変化する。したがって，課税最低限は，上記の式で値が０になる給与水準を逆算して求められるということであり，夫婦子供２人の給与所得者の課税最低限は**図10**

図10－1　**夫婦子２人の給与所得者の課税最低限（2021年）**

給与収入 285.4万円

給与所得控除	社会保険料控除	基礎控除	配偶者控除	特定扶養控除
93.6万円	42.8万円	48万円	38万円	63万円

注）夫婦子２人（子のうち１人が中学生，１人が大学生）の給与所得者の場合である。

－１のようになる。

所得税の課税最低限とは，文字通り，給与所得者の場合にはその金額を上回ると所得税負担が発生する給与収入のことであり，図10－１で示されたように子どもが中学生と大学生の場合は285.4万円となる。近年は，所得控除から給付へという流れもあり，子どもが児童手当（2012年まで子ども手当て）の給付対象となる場合には扶養控除が適用されないために課税最低限は引き下げられた状況になっている。ただし，所得税が課されても，手当ての方が大きければ，負担と給付をネットで見た場合には負担は発生していないことになる。

そこで，**図10－２**には，日本を含め各国で給付されている手当て（税額控除）を考慮して，給付と負担が等しくなる，つまり実質的に所得税負担がゼロになる給与水準も示してある。日本では，子ども手当ての対象となる中学生以下の子どもがいる場合には，この給付と負担が等しくなる給与水準は，課税最低限よりも300万円程度高くなる。ただし，ここでの計算には個人住民税負担が考慮されていないことには留意が必要で，住民税負担を加えた場合には負担と給付が等しくなる給付水準は所得税のみの場合と比べて150万円程度低くなる。

なお，控除制度のうち，課税最低限の算出において考慮されるのは，基本的には所得のある全ての人に適用される上記のものだけであるが，個々の納税者の経済的状況に応じて担税力を調整したり，特別な政策目的のために設けられている控除もある。その主なものは以下のとおりである。

図10－2　所得税の「課税最低限」及び「税額と一般的な給付の給付額が等しくなる給与収入」の国際比較（2020年１月現在）

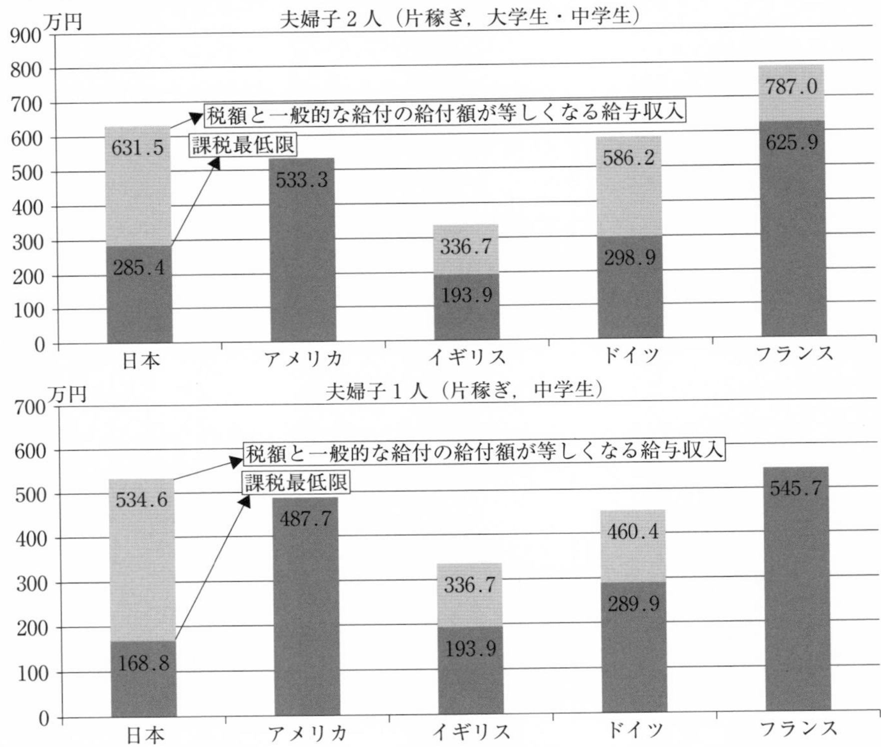

備考）所得税額及び給付額の計算においては，統一的な国際比較を行う観点から，一定の家族構成や給与所得を前提として一般的に適用される控除や給付等を考慮している。

注）１．比較のため，モデルケースとして夫婦子１人の場合にはその子を13歳として，夫婦子２人の場合には第１子が就学中の19歳，第２子が13歳として計算している。

２．日本については，2013年（平成25年）１月からの復興特別所得税を加味していない。

３．フランスについては，2012年１月からの高額所得に対する所得課税を加味していない。

４．アメリカの児童税額控除は所得税の税額控除として含まれており，また児童手当制度は設けられていない。イギリスの夫婦子２人及び夫婦子１人については，全額給付の児童税額控除・就労税額控除及び児童手当を含めた場合の数字。なお，フランスの家族手当は子どもが２人以上いる場合に支給される。

５．邦貨換算レート：１ドル＝109円，１ポンド＝141円，１ユーロ＝121円（基準外国為替相場及び裁定外国為替相場：令和２年（2020年）１月中適用）。なお，端数は四捨五入している。

出所）財務省『所得税など（個人所得課税）に関する資料』（https://www.mof.go.jp/tax_policy/summary/itn_comparison/j02.htm）。

医療費控除…医療費としての自己負担額が10万円を超える場合にはその超過分を所得控除
雑損控除…盗難や火災によって被害を受けた場合に損失額を所得控除
生命保険料控除…民間の生命保険および個人年金の普及のために掛金を所得控除（それぞれ上限５万円）
寄付金控除…公益の増進に役立つよう公共部門，学校等に寄付を行った場合に，１万円を超える部分を所得控除（上限は所得の20％）

納税者の税負担の調整のために所得控除とは別に設けられているのが税額控除制度である。所得控除が，課税所得を縮小させるものであるのに対して税額控除は課税所得に税率を適用して算出された税額を減額するものである。現行の所得税制では，住宅取得のための借入れがある場合の住宅取得控除と配当所得を持つ納税者について法人段階での法人税税負担との調整を図るための配当控除に加えて，2011年から寄付金控除でも税額控除の適用を選択できるようになった。

累進構造

所得を担税力と見なして課税する所得税は，その担税力に応じて負担率を求めることができることから，垂直的な公平性を確保するためには最も相応しい税であり，累進的な税率表を利用することで実現される。日本も一貫して累進税率表を採用しており，1974年以降は**表10－３**で示されているような推移をしている。

所得課税において負担の累進性をどの程度のものにするかは，経済環境や所得分配の不平等の状況，さらには国際的な動向によって判断されるものであるが，日本の場合は1980年代後半を境として最高税率の引下げと段

表10－3　税率表の推移

	1974年	1984年	1987年	63年	1989年	1995年	1999年	2007年	2015年
	%	%	%	%	%　万円	%　万円	%　万円	%　万円	%　万円
	10	10.5	10.5	10	10(～ 300)	10(～ 330)	10(～ 330)	5(～ 195)	5(～ 195)
	12	12	12	20	20(～ 600)	20(～ 900)	20(～ 900)	10(～ 330)	10(～ 330)
	14	14	16	30	30(～1,000)	30(～1,800)	30(～1,800)	20(～ 695)	20(～ 695)
	16	17	20	40	40(～2,000)	40(～3,000)	37(1,800～)	23(～ 900)	23(～ 900)
	18	21	25	50	50(2,000～)	50(3,000～)		33(～1,800)	33(～1,800)
	21	25	30	60				40(1,800～)	40(～4,000)
	24	30	35						45(4,000～)
	27	35	40						
税　率	30	40	45						
	34	45	50						
	38	50	55						
	42	55	60						
	46	60							
	50	65							
	55	70							
	60								
	65								
	70								
	75								
住民税の最高税率	18	18	18	16	15	15	13	10	10
住民税と合わせた最高税率	(注1) 93	(注1) 88	87	76	65	65	50	50	55
税率の刻み数	19	15	12	6	5	5	4	6	7
住民税の税率の刻み数	(13)	(14)	(14)	(7)	(3)	(3)	(3)	(1)	(1)

備考）1974年および1984年については賦課制限がある。

参照）財務省ホームページ「所得税の税率構造の推移」（https://www.mof.go.jp/tax_policy/summary/income/033.htm）。

階数の減少が進められていることが分かる。1980年代は，戦後の高度成長期から２度のオイルショックを経た安定成長期にあたり，「一億総中流」と言われるように所得分配が平等化してきた時期である。その中で所得が上昇すると税負担が急速に上昇する当時の累進課税への批判が高まり，またアメリカやイギリスをはじめとする先進諸国で高い所得税率による経済に対するマイナス面がクローズアップされたことから，最高税率を引き下げ，段階数も減らすフラット化が求められるようになった。これに応じて，所得税の最高税率は1989年に50％に，段階数は５にまで減らされる。そして1999年の改正では，所得税と住民税を合わせた最高税率がそれまでの65％から50％にまで引き下げられ，所得税の最高税率は37％，段階数は４になる。

2007年度の改正で，所得税には新たに５％の税率が設定され，段階も増やされるが，これは同年に実施された所得税から住民税への税源移譲が行われたためである。つまり，小泉政権下で2004年度以降進められた地方財政改革（三位一体改革）の一環として実施された３兆円規模での国税から地方税（所得税から所得割住民税）への税源移譲にともなって，所得割住民税はそれまでの３段階の税率表から10％の比例税に変更された。そしてこの税源移譲にあたっては，所得税と住民税を合わせた各納税者の税負担が変わらないように所得税の税率表が調整され，現在の構造になったものである。

日本は，1990年頃のバブル経済の時期には，個人所得も大きく拡大した。しかし，バブル崩壊後は長期間にわたる経済の低迷を経験し，個人所得の伸びもほとんど見られなかった。2006年頃から経済はしだいに立ち直りを示す，一方で「勝ち組，負け組」と言われるような所得格差も指摘されるようになる。所得税の累進的な負担配分は，課税後の分配は状況を課税前よりも平等化させるという意味で所得再分配効果を持つものであり，累進性についても再検討が必要という見方もできる。

平均税率と限界税率

表10－4は，国税庁が発表している民間給与所得者のデータに基づいて，2019年分の給与所得者について，給与収入段階別に給与収入都税負担の状況を示したものである。給与収入全体に対する所得税負担率は4.7%である。そして各段階ごとの平均給与額に対する負担率が示してあり，段階が上るほど負担率が高くなる累進的な負担構造になっていることが分かる。

所得税の負担状況を見る際にしばしば用いられるのが平均税率と限界税率の概念である。平均税率とは，所得 Y（給与の場合には給与収入）に対して控除制度や税率表を適用して算出された税額 T がどれだけの比率に

表10－4　1年を通じて勤務した給与所得者の所得税（2019年）

給与収入階級	給与所得者 千人	平均給与収入額 万円	平均税額 万円	平均税率 %	限界税率 %
100万円以下	4,568	80.6	0.3	0.4	—
200　〃	7,432	144.4	1.5	1.0	1.8
300　〃	7,838	252.2	4.1	1.6	2.4
400　〃	8,907	350.7	6.4	1.8	2.4
500　〃	7,652	447.5	9.1	2.0	2.7
600　〃	5,328	547.7	13.4	2.4	4.3
700　〃	3,397	647.2	18.7	2.9	5.3
800　〃	2,315	746.9	30.3	4.1	11.6
900　〃	1,542	846.8	44.1	5.2	13.8
1,000　〃	1,012	947.1	58.7	6.2	14.6
1,500　〃	1,850	1,180.8	111.1	9.4	22.4
2,000　〃	436	1,730.7	280.3	16.2	30.8
2,500　〃	124	2,224.5	451.6	20.3	34.7
2,500万円超	151	4,248.1	1,259.9	29.7	39.9
計	52,551	436.4	20.5	4.7	—

資料）国税庁『令和元年分民間給与実態統計調査―調査結果報告―』。

なっているか（T/Y）を求めたものである。また第6章でも述べたように，課税対象外の所得も全て分母に含めて算出した負担率を平均実効税率，または単に実効税率という場合もある。

一方，限界税率とは，所得の変化額$\triangle Y$に対する税額の変化 $\triangle T$の比率をとったもので，所得が1単位増加した時に税額がどれだけ増加するかを意味しており，限界実効税率と呼ばれる場合もある。先の表10－3で示した税率表に示される税率も限界税率であるが，実際に算出された税額から求められる限界税率と区分するため法定限界税率と言われることもある。

10.3　所得税を巡る課題

課税単位

日本の所得税は，個人としての各納税者の所得を対象として設計されている。このようなシステムを個人単位課税と呼び，1つの世帯の中に複数の稼得者がいる場合には，それぞれに所得を算出し，担税力に見合う税額が決定される。

一方，世帯あるいは夫婦を1つの経済単位として据えて課税する考え方もある。これを世帯単位課税といい，納税者は世帯に1人，もしくは1組ということになる。

日本は，戦後のシャウプ勧告以降一貫して個人単位課税が採用されているが，それ以前は家族の全ての所得を世帯主（家長）の所得と見なして合算して課税する一種の世帯単位課税であった。現在，一部の先進諸国では夫婦の所得を合算する世帯単位課税も採用されている。

所得税は累進的な税率構造を備えているため，この課税単位の選択は税負担の水準に大きな影響を及ぼす。たとえば，次のようなケースを比較してみよう。

（ケース１）　夫の収入　　500　妻の収入　500　世帯の収入　1,000
（ケース２）　夫の収入　1,000　妻の収入　　0　世帯の収入　1,000

まず個人単位での課税の場合は，ケース１ではそれぞれが500に見合う税額を負担し，世帯の税負担は２倍になる。一方累進課税を前提としているためケース２では1,000の所得に対して，納税者が負担する税は，所得500の２倍以上になり，世帯としての税負担はケース１よりも大きくなる。

シャウプ勧告以前の日本の所得税制のように全て世帯主の所得として合算する世帯単位課税では，ケース１でもケース２でも同じ1,000の所得に対する税負担となる。

1,000の所得を獲得してもそれぞれが500ずつと見なして課税する方式が２分２乗方式と呼ばれる世帯単位課税である。つまり，世帯（夫婦）の所得が1,000であれば２分の１の500に対する税額を求めて２倍したものが世帯の税額となる。なお，被扶養者（子供など）の数に配慮した世帯単位課税ではｎ分ｎ乗方式がとられるケースもある。合算であろうと２分２乗であろうと世帯単位課税では所得の稼得パターンに関わりなく世帯の合計所得が同じである限り税負担が等しくなるよう課税される。

世帯単位課税のもとでは，たとえば所得800万円と200万円のカップルがいれば，それぞれが個別に税額を算出するよりも合算して税額を求めた方が，負担額は大きくなる。つまり，結婚して１つの世帯となることが不利になり，結婚に対するペナルティになってしまう。また，夫婦のうちどちらか一方しか働いていない状態からもう一方が働き始めると，個人で働き始める場合よりも追加的な税負担が大きくなるため，勤労意欲に対してもマイナスに作用する。

一方，２分２乗タイプの世帯単位課税では，先の所得が800万円と200万円のカップルは１つの世帯として税額を求めた方が別々に納税するよりも負担は軽くなる。所得税における課税単位の決定は，夫婦の取扱いや世帯の中での個人のプライバシーの問題などさまざまな要素を考慮しなければならない。

たとえばアメリカでは，夫婦は別々の申告と，税率の段階の幅が２倍になり実質的には２分２乗となる合算申告のいずれかを選択することができる。

日本でも税制調査会等で２分２乗方式の導入についての検討は繰り返し行われているが，結果的には個人単位での課税が継続されてきた。女性の社会進出も進み，世帯の稼得パターンが多様化している今日，一律の個人単位課税のみでよいのか改めて議論が必要である。

● 所得捕捉率

所得税を適正に，公平に，運用していくためには，課税ベースである所得を正確に算出しなければならない。そして，所得税は，この所得とそれに対する税額を自ら計算して納税する申告納税が基本である。包括的所得の概念では所得は一定期間（通常は１年間）の消費と貯蓄の合計額と定義されるが，上述のように現実の運営上は，各人の所得（収入－経費）を算出する方法が取られる。しかし，当然のことながら，納税者にとっては税負担は少ない方が望ましい。

そのため，ややもすると課税対象となる所得が実際の所得よりも少なくなる。課税当局からすれば，課税対象となる所得に対して捕捉率が100％に達しない状況が生まれる。日本ではこの問題を“クロヨン”や“トーゴーサン”という言葉で示して，所得の種類における捕捉率格差を所得税制が抱える大きな課題として取り扱ってきた。源泉徴収によって納税が完結し，申告を基本とする所得税制にあって，給与所得については各納税者の所得は雇用主（事業主）から課税当局に届け出が行われる。したがって給与所得は，９割もしくは10割が捕捉されているのに対して，事業所得は６

表10－5　業種別の所得捕捉率の推移

所得の種類	1979年	1982年	1988年	1992年
事業所得				
所得総額	19兆7,501億円	20兆1,408億円	22兆1,945億円	22兆　76億円
課税ベースとなるべき所得	17兆3,503億円	17兆4,571億円	18兆8,243億円	21兆7,987億円
税務当局に捕捉された所得	9兆1,009億円	10兆2,349億円	11兆6,170億円	14兆6,337億円
捕捉率	52.5%	58.6%	61.7%	67.1%
農業所得				
所得総額	5兆9,732億円	5兆4,586億円	5兆2,621億円	4兆4,436億円
課税ベースとなるべき所得	4兆3,842億円	4兆1,868億円	3兆9,543億円	3兆4,017億円
税務当局に捕捉された所得	5,824億円	5,977億円	8,183億円	3兆　564億円
捕捉率	13.3%	14.3%	20.7%	31.1%
給与所得				
給与総額	98兆5,849億円	127兆9,056億円	159兆7,809億円	216兆2,016億円
税務当局に捕捉された給与	99兆8,523億円	127兆1,523億円	162兆　150億円	216兆　487億円
捕捉率	101.3%	99.4%	101.4%	99.9%

出所）林　宏昭「どう臨む財政危機下の税制改革」（2002年，清文社）。

割もしくは5割，農業所得は4割もしくは3割しか捕捉されていないのではないかとする不公平感を象徴するのが先の“クロヨン”，“トーゴーサン”である。

この所得間の捕捉率格差は課税当局が捕捉できていない所得を基準とするものであるから，当然公式な統計データはなく，これまでにいくつかの推計が行われてきた。**表10－5**はその一例である。所得間の捕捉率格差が実在していたことが示されているが，長期的には改善される傾向であったことが分かる。

● 資本所得の取扱い

日本では総合課税を原則としながら，利子，配当，譲渡所得といった低税率での分離課税や非課税の措置が長く取られてきた。たとえば，マル優制度と呼ばれた少額貯蓄の利子や郵便貯金の利子は1987年まで非課税とされてきた。また，利子や配当については，課税される場合も通常の税率表ではなく低率での源泉分離課税の制度もあった。

株式売買による譲渡所得は1988年度まで，取引回数が多い一部の例外を除いて原則非課税であった。

このような資産性所得の優遇に対しては批判も多く，1987～89年にかけて実施された税制改革では，公平性を高めるためにいくつかの改正が行われた。まず利子については高齢者の貯蓄など一部を除いてマル優制度は廃止され，郵便貯金の利子とともに一律20％での分離課税が導入される。また株式の譲渡所得は原則非課税から原則課税へと変更される。ただし，株式の譲渡所得の課税方式では譲渡所得を売却額の５％と見なして課税する簡易で実質的な軽課に終わる方式も選択できたために公平面からの批判は続いた。そして2003年には，実際の譲渡所得を課税ベースとする申告分離課税に一本化される。一方長期不況が続いている2000年代に入って，経済政策の１つの目標として民間の活力による「経済の活性化」や「貯蓄から投資」への要請が強くなってくる。

そこで，申告分離課税の税率が20％（所得税15％，住民税５％）から10％（所得税７％，住民税３％）に引き下げられ，株式取引によって生じた譲渡損失の繰り越しが認められるようになり，それまでの公平重視のスタンスから株式投資の活性化へと軸足が移ることになる。

この軽減税率の適用は2013年末まで延長され，2014年からは本則の20％へと戻される。これに合わせて，少額（100万円未満）の上場株式等の配当および譲渡所得の非課税措置（いわゆるNISA）が設けられる。この非課税措置を利用するためには，各個人が専用の口座を開設する必要がある。

金融所得に関連してしばしば取り上げられるようになったのが，勤労所得には基本的な税率表を適用し，資産性所得は一括して低税率で課税する二元的所得税の考え方である。二元的所得税は1990年代に北欧で導入されたシステムで，分離課税の対象とされる資産所得は，金融資産だけではなく不動産からの所得も合算されるものである。そして，資産所得については，取引で生じた損失を利益で相殺することができ，利益と損失を純計した純所得が課税対象となる。これに対して日本で検討されている二元的所得税は金融資産からの所得のみを合算し，その中で損益の相殺を行って一定税率を適用するというものである。

この金融資産からの所得を総合課税ではなく低率での分離課税とする提案には賛否両論がある。

低税率での一律課税によって賃金の国際的な流出を防止すること，あるいは株式売買による損失の相殺を他の金融資産所得にまで拡大することで個人資産の貯蓄から投資への動きを後押しすることなどが二元的所得税導入を進めるべきとする主張の背景にある。一方，導入に否定的な主張の根拠の中心は，公平性に関する疑問である。つまり総合所得課税の原則に立ち，勤労所得と比較して資産所得の方が課税上有利になることに対する批判である。また，株式の取引から生じる損失の相殺は同じ譲渡所得との間でのものにとどめるべきであり，他の種類との通算にまで広げる必要はないとする主張もある。

資産性所得に対する課税に関しては，公平性，中立性といった租税原則に加えて，「貯蓄から投資」のような短期的な政策課題や国際的な側面まで考慮した検討が必要となる。

● 所得控除と税額控除

各納税者の所得税負担の算出において個人のさまざまな事情を考慮するための仕組みには，税率表が適用される課税所得を減額する所得控除と税額を減額する税額控除の方式がある。これについて，所得控除の方が高所得者に有利とすることから，所得とは無関係に税額を軽減する税額控除の方が望ましいとする意見がある。

シャウプ勧告では特に扶養控除等の人的控除について，課税所得を減額する所得控除方式が採用された。2000年の政府税制調査会の答申『税制の現状と課題―21世紀に向けた国民の参加と選択―』では，「所得控除は，様々な事情により納税者の税負担能力（担税力）が減殺されることを斟酌して，これを調整するため，所得から一定額を差し引くものです。」とあり，控除による所得税の減額が高所得者で大きくなることについては，「所得控除により所得が大きいほど税負担軽減額が大きくなるのは，大きな所得に対して累進税率が適用される結果，より大きな税負担を求めていることの『裏返し』にすぎません。」としている。

一方，2015年の政府税制調査会の『個人所得課税に関する論点整理』は，扶養控除について「子どもの扶養を担税力の減殺要因と見て対応すべきか，財政支援の対象とみるべきか議論が分かれるところであろう。」と述べる。そして2017年の税制調査会（2017）『経済社会の構造変化を踏まえた税制のあり方に関する中間報告』では，「政策的に子育てを支援するという見地からは，税制において，財政的支援という意味合いが強い税額控除という形態を採ることも考えられる。」と，税額控除の検討の必要性が述べられる。このように所得控除か税額控除かの議論は，家族の扶養に対する配慮を，担税力の調整で行うか，税の軽減で行うかということであり，諸外国でもその仕組みは一律ではない。

EXERCISE

Q　日本の所得税において各種控除制度が設けられている理由を公平性の観点から評価しなさい。

Key Word：所得控除，課税最低限，水平的公平，垂直的公平

第11章

消費税の仕組み

消費税とは消費に対する課税であると通常は理解されている。ところが実際には事業者が取引の過程で税を分割で納め，事業者によっては課税されないものもある。本章ではこのような消費税の仕組みをまず理論的に把握し，その仕組みから必然的に生じてくるさまざまな問題を整理し，その解決策と限界について考察を加える。社会保障と税の一体改革で，2014年及び2019年には消費税率が引き上げられており，今後も消費税の重要性はさらに増してくる。

11.1　消費課税の分類

直接税と間接税

我々は日々消費活動を行っている。その消費活動に着目して課税するのが消費課税である。

消費課税＝間接税

という理解が通常なされているが，消費課税は必ず間接税でないといけない理由はない。1回1回の買い物でする消費金額は売り手側に分かるが，たとえば1年間の消費金額は消費者にしか分からない。

$$Y(\text{年間所得}) \equiv C(\text{年間消費}) + S(\text{年間貯蓄})$$

がある家計のある1年について成り立っている。年間消費Cは年間の所得から年間の貯蓄額を差し引くと求めることができ，このようにして求めた消費額を課税標準とすることができる。そして所得税の場合と同様に，消費額の大小によって課税標準である消費にかける税率を変えることができる。つまり，消費を担税力とみなした上で，その大きさに応じた課税が可能な“人税”の性格を持つ。

課税方式は，消費を行った人が自ら納税する直接税の形を取る。支出税（Expenditure Tax）が消費課税でありながら直接税である代表例である。この支出税は有名なイギリスのミードレポート（Meade Report，1978）などで提唱されたが，その課税を現実に展開することの困難さから先進国で導入されたことはない。

これに対して，本章で扱う消費税をはじめとした多くの消費課税は財・サービスを課税客体とする“物税”で，消費者の個人的な事情を斟酌することができない。また消費者の消費に課税する前に生産や流通の過程で取引に課税し，最終的に消費者の消費活動そのものに税負担を求めることから間接税の性格を帯びることになる。

● 多段階売上税としての付加価値税

間接税としての消費課税を考える場合，最終的な担税者は消費者であることを予定しているものの，納税者は消費者に直接販売する小売業者以外にも存在する。生産・流通過程を考えると個々の取引が課税対象となる場

表11－1　売上税の分類

単段階売上税……製造者売上税，卸売売上税，小売売上税，
多段階売上税
　累　積　型……取引高税
　非 累 積 型……付加価値税

表11－2　課　税　前

	製造業者	卸売業者	小売業者	消 費 者
仕　　入	0	100	200	300
売　　上	100	200	300	

合，財やサービスの販売額が課税標準となる。生産・流通過程の取引主体は製造業者，卸売業者，小売業者に分かれ，通常は製造 → 卸売 → 小売と財・サービスが流れていく。財やサービスの販売，すなわち売上げに課税されるので，生産・流通過程で課税される税は売上税と呼ばれる。そして売上税は，製造・卸・小売りのどこか一段階で課税される単段階売上税と２つ以上（通常は全て）の段階で課税される多段階売上税に分類される。多段階売上税はさらに税額が取引を経るごとに増えていく累積型の取引高税と，取引の回数にかかわりなく最終的な小売りの価格が同じであれば支払う税額も同じになる非累積型の付加価値税とに分類できる（**表11－１**）。

ここでは各種の売上税を簡単な数値例を用いて説明しておくことにする。今，ある商品が１単位，製造業者から卸売業者，小売業者を経て消費者に販売されるものとする。売上税が課税される前は**表11－２**のようになっている。製造業者は卸売業者に100（単位は円でもドルでも何でもよい）で商品を売り，卸売業者は小売業者に200で商品を売る。最後に小売業者は

消費者に300で商品を売るものとする。ちなみに売上げから仕入れを引いた金額を付加価値と呼んでいる。表の例では製造業者，卸売業者，小売業者とも付加価値は100となっている。

以下順番に製造者売上税，卸売売上税，小売売上税，取引高税，付加価値税の順番に説明するが，以下の２点を前提として考慮する。

① 税率は10％

② 各事業者は課税後も課税前の付加価値と同じ付加価値（売上げ－仕入れ）を維持するように価格設定をする。

表11－３は単段階の製造者売上税の例を示している。表中で「税抜き」と「税込み」という表現があるが，「税抜き」の方は製造者売上税が課される前の価格を表しているのに対して，「税込み」の方は製造者売上税が課された後の価格を表している。実際の取引きは税込みで行われ，税込み価格と税抜き価格の差，この場合は10が製造業者が納めるべき税である。

製造者売上税の課税標準は製造業者の売上げであるので，製造業者は課税標準である税抜き売上げの100に税率の10％を乗じた10の税を価格に上乗せして卸売業者に売る。卸売業者は税込み110で仕入れた商品に自らの付加価値100を足して210で小売業者に売ることになる。小売業者は税込み仕入れ210の商品に付加価値100を足して310で消費者に販売する。製造業者が卸売業者に税込みで販売することによって税の負担から免れるのと同様に，卸売業者，小売業者とも仕入れに含まれている税額を価格にそのまま上乗せして販売しているので自らは税額を負担していない。この例では消費者は最終的な購買者であるから税額を他の経済主体に負担してもらうことができず，言い換えれば税を転嫁することができず，製造者売上税を負担することになる。つまり製造者売上税の帰着は消費者の税額全額負担という形になる。

単段階の卸売売上税について見たのが**表11－４**である。卸売業者の税抜き売上げ200に税率の10％を乗じた20の税を価格に上乗せして小売業者に

表11－3　製造者売上税

	製造業者	卸売業者	小売業者	消 費 者
税抜き仕入	0			
税込み仕入	0	110	210	310
税抜き売上	100			
税込み売上	110	210	310	
税	10			合 計　10

表11－4　卸売売上税

	製造業者	卸売業者	小売業者	消 費 者
税抜き仕入	0	100		
税込み仕入			220	320
税抜き売上	100	200		
税込み売上		220	320	
税		20		合計　20

表11－5　小売売上税

	製造業者	卸売業者	小売業者	消 費 者
税抜き仕入	0	100	200	
税込み仕入				330
税抜き売上	100	200	300	
税込み売上			330	
税			30	合計　30

表11－6　取引高税

	製造業者	卸売業者	小売業者	消 費 者
税抜き仕入	0			
税込み仕入	0	110	231	364.1
税抜き売上	100	210	331	
税込み売上	110	231	364.1	
税	10	21	33.1	合計　64.1

220で販売する。小売り業者は税込み仕入れ220に付加価値100を足して320で消費者に売ることになる。

表11－5は単段階の小売売上税を示している。製造・卸売りの売上げには税はかからず，流通の最終段階である小売りの段階で税がかけられる。消費者が購入する商品は小売売上税がかけられる前の300という価格のちょうど（1＋税率）倍の価格になっている。

ここまでは製造・卸・小売りのどこか1つの段階で課税される単段階売上税の例示であった。**表11－6**は多段階売上税の1つである取引高税を説明している。上記の2つの前提から，事業者は税込み仕入れに付加価値を足したものが課税標準となり，それに売上税額を足して次の段階の業者あるいは消費者に販売している。取引高税の課税標準は売上げそのものであり，取引ごとに課税しているので，仕入れに含まれている税額に対してもまた税がかけられることになる。

表の卸売業者の欄を見てほしい。税込み110で仕入れるところは表11－3の製造者売上税と同じである。110の税込み仕入れに100の付加価値を加えると210になり，この210が卸売業者の課税標準となる。10%の税率を乗じて21の納税義務額が算出され，税込み仕入れ＋付加価値に合計して231で小売業者に販売することになる。小売業者は同様にして（1＋0.1）

表11－7　付加価値税（税額控除法）

	製造業者	卸売業者	小売業者	消 費 者
税抜き仕入	0			
税込み仕入	0	110	220	330
税抜き売上	100	200	300	
税込み売上	110	220	330	
税	10	10	10	合計　30

(231＋100) ＝364.1という税込み価格で消費者に販売する。この取引を通じて合計で64.1の税が徴収され，税額が完全転嫁できていれば消費者が64.1の税を負担することになる。小売価格が300で税率が10%であるにもかかわらず税額が小売価格の2割強の64.1となっており，取引を経るごとに税が雪だるま式に膨れていくこの税の特徴がよく出ている。

表11－7は，税額控除法と呼ばれる日本を始めとして世界中で用いられている方法で徴収される付加価値税を説明している。付加価値税は税が取引を経るごとに累積するという取引高税の問題点を見事に解決している。そのポイントは事業者が自らの仕入れに含まれている税額を課税標準である自らの売上げにかかる税額から控除できる点にある。卸売業者は税抜きの売上げが200であることが前もって分かっており，税率の10%を乗じて20の税額を求める。そして仕入れに含まれている10の税額を20の税額から控除し，差し引きで10の税を納めることになる。仕入れに10の税額が含まれていることは仕送り状（インボイスと呼ばれる）や伝票に税額が明記されていることから分かる。

同様にして，小売業者は税抜き売上げ300に10%を乗じて30の税額を求め，卸売業者から購入した商品に含まれている20の税額を控除して10の税を納めることになる。上記の例では，製造業者・卸売業者・小売業者とも

10の税をいわば分割で納め，合計で30が税収となる。途中の取引の回数が多くても売上げに含まれる税額が次段階の仕入れで控除されるので，最終的な税収は，小売りの税抜き売上げに税率を乗じたものと同じになっている。

11.2　付加価値税の仕組み

付加価値税の類型

世界中の多くの国で導入されている付加価値税は消費型の付加価値税と呼ばれているものであるが，実は付加価値税にはいくつかの種類がある。シャウプによる分類に基づくと，①課税標準による分類，②税の徴収法による分類，におおまかに分けることができる。

①は付加価値を国民経済計算上どのように捉えるかに基づいており，

- 国内総生産型（GDP 型）
- 国内純所得型
- 消費型

に分けられる。今，Yを国内総生産，Cを消費，Iを投資，Wを賃金所得，Pを利潤，Dを減価償却とすると，

$$Y = C + I = W + P + D \qquad (11\text{-}1)$$

の等式が成り立っている。輸出入の取扱いはここでは捨象する（後述する)。国内総生産型の付加価値税の課税標準はYそのもの，国内純所得型の付加価値税の課税標準はY-D，消費型の付加価値税の課税標準はY-Iとなる。

②は①で定義した付加価値をどのようにして捉えるかに基づいている。具体的には，

- 加算法
- 控除法

に分類され，控除法の方はさらに税額を計算する際に

- 仕入高控除法
- 税額控除法

に分類される。加算法と控除法の違いであるが，加算法は（11-1）式の最右辺にある賃金所得，利潤，減価償却などをたとえば1年間にわたって合計して付加価値を求める方法である。（11-1）式はマクロベースの式であるが，個々の事業者について付加価値を求めるわけである。一方付加価値を個々の企業について求めるもう1つの方法は，S_iを第i企業の売上げ，P_iを第i企業の仕入れとするとき，

$$付加価値 = S_i - P_i$$

の関係があることから，売上げから仕入れを差し引くことである。この（$S_i - P_i$）を経済全体で合計すると（11-1）式と等しくなるのである。ただし，P_iの中には投資財の購入が含まれてはいない。

控除法の付加価値税とは，個々の企業の売上げから仕入れを差し引くことによって付加価値を求めて，その付加価値に直接的に（＝仕入高控除法），あるいは間接的に（＝税額控除法）税をかける方法である。今I_iを個々の企業の投資財購入とするとき，通常の付加価値の計算から投資財購入分を差し引くと，

$$S_i - P_i - I_i$$

となる。これを全ての企業について合計すると，（11-1）式を用いて，

$$\Sigma (S_i - P_i - I_i) = C$$

となる。つまり投資財購入を個々の企業の付加価値から控除し，企業全体

で合計するとマクロベースで見た消費支出に等しくなる。控除法の付加価値税は消費型の付加価値税に最も適しているのである。

● 税額控除法の付加価値税

この節では，日本をはじめとして多くの国で用いられている税額控除法の付加価値税を簡単なモデルを用いて説明する。基本的な構造は表11－7で説明した数字例と同じで，製造・卸・小売りと商品が単線的に流通していくモデルである。

今S_iを第i段階の売上げ，P_iを第i段階の仕入れ，v_iを第i段階での付加価値とする。付加価値税がない場合は，

$$S_i = P_i + v_i$$

の関係が成り立っているとする。付加価値税が導入され，経済に定着した後には，

$$S_i = P_i + v_i + T_i \qquad (11\text{-}2)$$

の関係が成り立っているものとする。ただしT_iは第i段階の業者の納税義務額である。各段階の業者は，課税後も課税前の付加価値額を保つ，つまり納税義務額を完全転嫁するように価格設定をしていると仮定する。インボイスを用いて税抜き価格と税額を分離して表記できていると想定し，税込み価格を上付の「 ’ 」で表すと，(11－2）式は，

$$S'_i = P'_i + v_i + T_i \qquad (11\text{-}3)$$

と書き換えることができる。ここで，

$$T_i = t_iS_i - t_{i\text{-}1}Pi \qquad (11\text{-}4)$$

である。ただし t_i は第 i 段階の取引（税抜き売上げ）に適用される税率である。ここでは，各段階に1事業者しか想定していないので，

$$P_i = S_{i-1}$$

である。したがって（11-4）は，

$$T_i = t_i S_i - t_{i-1} P_i = t_i S_i - t_{i-1} S_{i-1}$$

となる。このような想定の下で付加価値税導入後の各業者の課税後価格を求めると，以下のようになる。まず，製造業者(1)は仕入れを0，つまり $P_1 = 0$ より，

$$S'_1 = v_1 + t_1 v_1 = (1 + t_1) v_1$$
$$= (1 + t_1) v_1$$
$$T_1 = t_1 v_1$$

である。そして，卸売業者(2)と小売業者(3)は，

$$S'_2 = P'_2 + v_2 + t_2 S_2 - t_1 S_1$$
$$= (1 + t_1) v_1 + v_2 + t_2 S_2 - t_1 S_1 = (1 + t_2)(v_1 + v_2)$$
$$T_2 = t_2 (v_1 + v_2) - t_1 v_1$$
$$S'_3 = P'_3 + v_3 + t_3 S_3 - t_2 S_2$$
$$= (1 + t_2)(v_1 + v_2) + v_3 + t_3 S_3 - t_2 S_2$$
$$= (1 + t_3)(v_1 + v_2 + v_3)$$
$$T_3 = t_3 (v_1 + v_2 + v_3) - t_2 (v_1 + v_2)$$

となる。最終的な財・サービス価額は取引の最終段階である小売りで適用される税率で決定されることが分かる。取引の全段階を通じる税収も同様に最終段階での税率に依存することが分かる（$T_1 + T_2 + T_3 = t_3 (v_1 + v_2 + v_3)$ より）。

● 輸出の取り扱い

現在世界で用いられている付加価値税は，EU 域内での取引きなど一部を除いて，輸出品に対しては課税せず，輸入品に対して付加価値税を課す仕向地主義という課税方法が採用されている。輸入品が国内に入ってきたときに国内における製品と同じ税率で課税されるので税率の差異によって国内製品と輸入製品の競争上の有利不利が出ないことや，消費地における課税という消費課税における課税原則の１つとして取り上げられるものが満たされるのが特徴である。（11-１）式の第２項を輸出を X，輸入を M として書き直すと（11-５）式のようになる。

$$Y = C + I + X - M = W + P + D \qquad (11\text{-}5)$$

（11-５）式を変形して，

$$C = W + P + D - I - X + M \qquad (11\text{-}6)$$

となる。国内総生産から投資支出と輸出を差し引き，輸入を足したものが国内消費に等しくなっていることが分かる。（11-６）式の左辺が仕向地主義における付加価値税の課税標準，すなわち国内消費である。なお国内消費には国内で生産された財・サービスと輸入された財・サービスの双方が含まれている。

なお，消費地で課税する仕向地主義に対して，生産地で課税する考え方を原産地主義という。

11.3　消費税の課題

● 簡易課税，免税，益税

消費税は納付するための事務的なコストが大きく，特に小規模事業者にとってはこまめに記帳したり，請求書等を保存したり，帳簿を保存したり，それらに基づいて税額を計算したりと大きな負担になる。そこで納税事務負担を緩和するために，売上高でみて一定規模以下の中小の事業者には税額の計算を簡便な方法で行う簡易課税制度が認められてきた。

具体的には，後で述べる免税事業者を除く課税売上高が5,000万円以下の事業者は，課税期間内における消費税納税額の算出において，業種別に設定されたみなし仕入れ率に基づいて仕入れ税額控除を計算し，これを売上げにかかる消費税額から差し引くことができる。

たとえば，事業者が卸売業を営んでいる場合，90％のみなし仕入れ率が適用される。税率が５％とすると，課税売上高が4,000万円の卸売事業者は，3,600万円が仕入れとみなされ，これに対する180万円の仕入れ税額控除が認められ，消費税の納税額は売上にかかる200万円の売上税額から差し引いた20万円となる。売上げに対する実際の仕入れ率が90％より低い場合（たとえば実際の仕入れが3,000万円の場合には仕入れ税額控除は150万円であり納税額は50万円となる）は，簡易課税の適用を受けていない場合と比べて少ない納税額になり，この差が益税と言われるものである。

消費税導入当初は簡易課税制度の適用を受ける課税売上高の上限は５億円という高い水準であり，対象となる事業者が全課税事業者の67.7％にも上った。つまり，例外措置であるはずが例外とはなっていない状態であった。その後上限が４億円，２億円そして現在の5,000万円と徐々に引き下げられ，制度の適用を受ける事業者の割合も最終制度改正時に２割強まで下がってきた。

簡易課税制度はあくまでも消費税の納付を前提とした制度であるが，消費税の納付そのものを免除するのが事業者免税点制度である。これは主として小規模事業者の事務負担の軽減を目指したものであるが，徴税側の多大な数の事務処理を避けて税務行政費用を下げるという目的もある。この制度では，基準となる課税期間内の課税売上高が1,000万円以下の事業者は消費税の納税義務を免除されることになる。

消費税導入当初は免税点が3,000万円と高く，全事業者に占める免税事業者の割合は67.6％にもなっていた。海外の同じような制度では免税点がもっと低く，また次に述べる益税に対する批判から免税点の見直しの動きにつながり，現在の水準まで引き下げられた経緯がある。そして免税点引下げ後は，適用事業者数は対事業者数で４割弱になっている。

日本の消費税制度固有の問題点としてしばしば指摘されるのが，益税の問題である。益税は簡易課税制度と事業者免税点制度の双方で生じ得る。簡易課税制度について，対象事業者の課税売上高の上限が引き下げられ，みなし仕入れ率の見直しが行われてきたのは，この益税問題への批判が強かったことによる。免税事業者は消費税の納付を免除されているが，消費税に相当する額を価格に上乗せして販売することは消費税法上禁止されていない。消費者の目からは免税事業者は消費税を国庫に納めていないのに，消費者の負担した消費税分が全て事業者の手元に残るように見えてしまう。もっとも，免税事業者は自らの仕入れに関しては消費税を支払っているので，消費者の支払った消費税額の全額が手元に残るわけではないが，制度自体への不十分な理解から，問題がやや過大に取り上げられているという側面もある。

消費税の導入時に税率が国際的に見て低かったこと，簡易課税制度の適用範囲が広かったこと，そして免税点が高かったことは全て消費税の導入を円滑にするために多くの事業者に反対されないために行ったことである。

しかしその反面，制度自体に多くの特例を持ち込んだことから国民の理解を含んだ税制の円滑な運用に支障をきたし，その後十数年を経て，本来特例の少ない消費課税制度として創設した消費税の本来の姿に近づきつつあるのが現状であろう。

負担の逆進性への対応

消費税の導入時，税率の引上げ時，そして将来の引上げに関する議論において常に問題となるのが，その負担の所得に対する逆進性である。一般に家計の行動では所得の伸びほどには消費支出が伸びないことから，消費支出を課税ベースとする間接税の負担構造が逆進性になることは当然の結果である。しかし，全ての消費を課税ベースとする間接税を採用している国では，それを緩和するために何らかの措置が講じられているケースがある。

消費者の税負担の逆進性を緩和するために採りうる措置としては次の2点が考えられる。第一は，消費税制度の中での緩和策，具体的には非課税措置，ゼロ税率，複数税率の採用である。そして第二は，消費税以外の措置，具体的には所得税制度の見直しや社会保障制度の活用である。

ここでは，今後予想される消費税制の改正として消費税制度の中での逆進性の緩和策について述べることにする。まず最初に非課税とゼロ税率の違いについて述べ，その後で複数税率の取り扱いについて述べる。なお，2014年の税率８％への引上げ時には，低所得層への現金給付が行われた。

消費税を始めとした付加価値税において非課税とゼロ税率の違いを理解しておくのは重要である。非課税とは付加価値税を特定の財やサービスに課さなかったり，特定の業者を売上げ高などに基づいて付加価値税の支払いから免除することを指している。これに対してゼロ税率とは，業者の特定の財やサービスの売上げに対してゼロの税率を乗じることを意味する。

表11－8　小売り段階が非課税

	製造業者	卸売業者	小売業者	消費者
税抜き仕入	0			
税込み仕入	0	110	220	320
税抜き売上	100	200	300	
税込み売上	110	220	320	
税	10	10	0	合計　20

両者の違いを上の数字例を用いて説明する。

表11－8は，小売り段階（小売業者）が非課税の場合を表している。この場合，小売りだけを行っている事業者は付加価値税を支払う義務はない。したがって納税義務額はゼロとなる。ところが小売業者が卸売業者から仕入れた財には付加価値税が含まれている。売上げが非課税であるということは付加価値税の納税義務は生じないと同時に，仕入れに含まれている税額の控除ができないことを意味する。何故なら非課税の売上げは付加価値税の制度の外にあるので，課税売上げに認められる仕入れ税額の控除ができなくなるからである。非課税売上げの扱いを受けても付加価値分を維持しようと思えば仕入れに含まれている税額を価格に転嫁しなければならない。この例では仕入れ税額が20なので，結局最終価格は仕入れ税額分を反映して320となる。非課税になったからといって付加価値税がまったく含まれていないということではないことに注意が必要である。

続く**表11－9**は，小売り段階で当該財・サービスにゼロ税率が適用されている場合を表している。小売業者の仕入れ段階までは，全部の業者が課税事業者である場合と同様の数字となっている。小売り段階でゼロ税率を乗じるということは，売上げに対する税はゼロとなる。ところが仕入れについては税が含まれているので，売上げに対する税から仕入れに対する税を引き算するとマイナス，表の例では－20となる。この結果，消費者の手

表11－9　小売り段階にゼロ税率

	製造業者	卸売業者	小売業者	消 費 者
税抜き仕入	0			
税込み仕入	0	110	220	300
税抜き売上	100	200	300	
税込み売上	110	220	300	
税	10	10	-20	合計　0

にこの財が渡るときには税込みの値段が300，つまり付加価値税がまったく含まれていないときと同じ価格になっている。もちろんこの取引についての税収はゼロである。卸売り段階までで徴収した20の税額が小売業者の段階で還付されるからである。非課税の場合と異なりゼロ税率の場合は当該売上げは付加価値税の制度の中に含まれる課税売上げであり，したがって仕入れ税額が控除できるのである。

さて消費者の税負担を緩和するという意味で非課税とゼロ税率のどちらを採用すればよいのであろうか。価格に与える効果は明らかにゼロ税率の方が非課税の場合よりも大きい。完全に税が含まれていないような状態で財・サービスが販売できるからである。その反面，税徴収にともなうコストが納税者側，徴税者側でかかっているにもかかわらず税収はゼロとなる。それではこのコストを無視すればゼロ税率を採用すればよいのであろうか。その是非を判断するために簡単な数値例を用いてゼロ税率が消費者の税負担に与える影響を見てみよう。

比較的所得が低いＬさんと比較的所得が高いＨさんの２人を考える。Ｌさんの消費性向は８割，Ｈさんの消費性向は６割であるとする。Ｌさんは消費のうち４割を食料品の購入に充て，Ｈさんは消費のうち３割を食料品の購入に充てるものとする。付加価値税の税率が10％であったときに２人の所得に対する付加価値税の負担割合はＬさんが８％，Ｈさんが

6％であった。今食料品全ての購入にゼロ税率が適用されゼロ税率適用前の価格から食料品が税額分値下がりすると仮定すると，付加価値税の負担割合はＬさんが4.8％，Ｈさんが4.2％となる。付加価値税の負担割合がゼロ税率適用前よりそれぞれ消費のうち食料品の購入に向けられる割合だけ減少したことになる。非課税にしろゼロ税率にしろ，逆進性を緩和するために生活必需品である食料品などにその恩恵を及ぼそうとするが，低所得者のみならず高所得者もゼロ税率の適用を受ける財を購入するので逆進性の緩和には思ったほど寄与しない。

次に，実際にEU諸国などで採用されている複数税率について考えてみよう。複数税率という場合，先に示したモデルのように生産・流通段階ごとに異なる税率を適用するということも考えられないこともないが，通常は割増税率，軽減税率などの複数税率は特定の財やサービスに対して適用するものである。そしてモデルで見たように，税額控除法の付加価値税では取引の最終段階で適用される税率によって最終的な財やサービスの価格が決まってくる。消費者の税負担に影響を与えようとする場合，このことは小売段階で売る財やサービスで複数税率を使わなければならないことを意味する。

さて，**表11－10**はEU諸国における付加価値税の標準税率と軽減税率を表したものである。軽減税率を用いている国ではその水準は標準税率の半分以下となっている。またスウェーデンのように複数の軽減税率をもっている国もある。イギリスでは食料品等，スウェーデンでは医薬品についてゼロ税率が適用されている。注目すべきはデンマークである。標準税率が25％と他の国と比べて高い水準であるのにもかかわらず軽減税率はない。これは付加価値税自体がもたらす逆進性の問題を所得税など他の税制や社会保障制度など，付加価値税以外の手段で解消していることを示唆している。

複数税率導入の影響を見るために次のような簡単なモデルを考える。今

表11－10　2020年１月現在のEU諸国（抜粋）の付加価値税率

	デンマーク	ドイツ	フランス	イタリア	スウェーデン	イギリス
標準税率	25	19	20	22	25	20
軽減税率	—	7	5.5/10	5/10	6/12	5

出所）European Commission (2020), VAT rates applied in the Member States of the European Union.

第 i 所得階層の消費者の所得を Y_i，消費を C_i とする。付加価値税率が単一で t の水準の時，この消費者の付加価値税の所得に対する負担比率は，

$$\frac{tC_i}{Y_i} = t\,m_i$$

となる。ただし m_i は第 i 所得階層の消費者の平均消費性向である。平均消費性向は所得の増加とともに減少する傾向にあるので，単一税率の付加価値税では所得に対して逆進的であることは以前にも述べたとおりである。

ここで消費品目別に税率を異なるようにした場合を考える。消費品目の番号を j で表し，第 j 消費品目に適用される付加価値税率を t_j とする。また第 i 所得階層の消費者の第 j 消費品目に対する消費額を C_{ij} と表すことにすると，第 i 所得階層の消費者の付加価値税の所得に対する負担比率は

$$\frac{\sum_j t_j C_{ij}}{Y_i} = \sum_j t_j\, m_{ij}$$

となる。ここで m_{ij} は第 i 所得階層の消費者の第 j 消費品目に対する平均消費性向を表している。

さて上のように複数税率を導入した場合の付加価値税の逆進性に与える影響はどうなるであろうか。実際には複数税率を導入したときには各消費品目の価格は変化し，したがって生産・消費構造が変化して複数税率を導入する前と消費額（上の記号では C_{ij}）や所得自体が変わると思われるが，

ここでは第一次接近としてこれらの数値は税率変化前後で不変であると想定する。式自体が表しているように，m_{ij} と t_j の組み合わせによって単一税率の場合の負担率である $t\,m_i$ より大きくなったり小さくなったりする。税率の上がった品目への消費比率が高い消費者ほど負担比率は高くなり，税率の下がった品目への消費比率が高い消費者ほど負担比率は低くなる。付加価値税の複数税率化によって逆進性を緩和するという場合の具体的な指標は必ずしも明らかではないが，所得階層別の消費構造をよく把握しておかないと望むような税負担率の変化はもたらされないことには注意が必要である。

EXERCISE

Q　消費税の仕組みを解説し，現在の消費税制度の抱える問題点ならびにそれらを解決する方法について述べなさい。

Key Word：税額控除法の付加価値税，逆進性，非課税（事業者），複数税率

第12章 法人税の仕組み

本章では法人課税の考え方と仕組み，そして日本の現状について述べる。また，今日の法人の活動は一国内にとどまらず国際化してきているため，法人税の検討は国際的な観点が特に重要である。

12.1　法人税負担の帰着

法人実在説と法人擬制説

一般に，法人税の課税ベースは法人が獲得する所得である。そして，法人税を巡っては，この法人所得が誰のものであるのかという議論が常に問題となる。

法人を，個人（自然人）と対応する一個の経済主体であり，担税力を持つ存在として見なす考え方を法人実在説と言う。この考え方にしたがえば，個人所得と同様に法人所得も所得税の対象とすべきであるということになる。これに対して，法人は株主である個人の集合体としての擬制的な存在にすぎず，法人は株主である個人所得の通過点にすぎないとするのが法人擬制説である。

法人擬制説の立場からは，法人所得に対する課税は，個人の所得に対する課税の前取りであり，法人税の負担は所得税の算出の際に調整が必要とされる。そして，この調整が行われない場合には，同一の所得に対して2度課税を行う二重課税の問題が発生することになる。

このような法人実在説と法人擬制説の論争は，正否について明確な結論が得られているわけではなく，これまでのところそれぞれの国家がどちらの立場に沿って制度を構築していくか，国内の諸制度との整合性を図りながら対応してきたということである。

日本の場合は，戦後税制の基礎となったシャウプ勧告において法人擬制説が採用されたことから，法人の支払い配当と個人の受取配当については税負担の調整が行われてきた。まず，法人段階では，1987年の税制改革までは，「配当軽課」が採用されていた。具体的には，法人の所得を配当として株主に配分される部分と内部留保される部分とに区分し，配当部分については，内部留保分に適用される税率（基本税率）よりも10%低い税率を適用するというものである。ただし，この配当軽課方式は1989年の消費税導入と合わせて行われた法人税減税のための基本税率の引下げにともなって廃止され，現在は法人段階での二重課税の調整は行われていない。一方，個人段階では，受取配当税額控除制度により，配当に関する所得税を軽減する方式が続けられており，二重課税について部分的な調整が講じられている。

● 法人税の転嫁と帰着

法人税をどのように位置づけるかという議論とは別に，法人税がどこの（誰の）負担となり，経済的な効果をもたらすかについての検討も必要である。

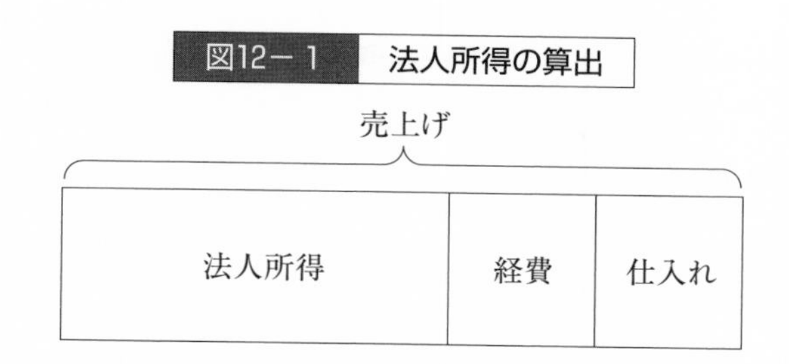

図12－1　法人所得の算出

税が課税のポイントから，別の経済主体へと移っていくことを転嫁といい，最終的な負担者の確定を帰着という。法人税の課税ベースとなる法人所得を簡単に示すと**図12－1**のように，売上から原材料等の仕入れと人件費等の経費を差し引いたものである。

法人税が，全て法人所得の減少となっているのであれば，法人の内部留保や株主に配分される配当の減少をもたらす。この場合は法人税の転嫁は生じていないと見なすことができる。しかし，法人税が課された後も，企業が課税前と変わらない税引後の利益を確保しようとするならば，法人税負担をどこかに転嫁しなければならない。1つの方向は，法人税分だけ売上げを拡大しようとすることである。この場合，法人税は製品価格の上昇となって表れ，消費者などの製品の購入者に転嫁されることになる。もう1つは，企業から外部に支払われるコストである仕入れに対する支払い価格や人件費を引き下げて法人税課税後の利益を確保しようとすることである。これによって，法人税はこの企業に製品を販売している企業や従業員に転嫁されることになる。

前者の製品価格への転嫁を“前転”，後者の仕入価格等への転嫁を“後転”と言う。そして，企業内の生産性の向上などにより企業内部で吸収し配当の減少や企業外への転嫁が生じさせないケースを“消転”と言う。

このように法人税の転嫁と帰着にはさまざまな可能性が考えられるが，実態として法人税がどのように転嫁され，どこに帰着しているのかを明確にすることは困難である。法人税の転嫁に関する実証分析もこれまで行われてきているものの，その方向や程度について数量的に把握できる成果が得られてはいない。

法人税の経済効果

全ての税は経済活動に対して何らかのインパクトを与えるものであるが，今日の経済社会においては特に法人税が引き起こす経済効果は大きな関心事である。仮に法人税が製品価格の上昇となって消費者に帰着しているのであれば，消費税と同じように消費を抑制する効果を引き起こすかも知れない。

法人税が配当および内部留保からなる法人所得から負担される場合，特に注目されるのが，企業の資金調達や投資活動，また個人の投資活動に対する影響である。まず，企業による外部からの資金調達においては株式の発行と借入れという2つの方法があり，企業はそれぞれに対して配当か利子の形で応じることになる。

この時，配当は法人所得として法人税が課されるため，投資家（出資者）に同じ純収益を確保するには，株式発行の方が法人税分だけ余計にコストがかかる。つまり，株式よりも社債等の発行による資金調達が優遇されるということである。逆に，出資する側からすれば，法人税を課された後の配当による収益が，社債等の利子と同じ水準で確保されなければ，株式よりも社債等を選択することになり，資産選択に対して歪みを引き起こす。

さらに，今日のグローバル化した経済のもとでは，資金の国際的な移動や企業の国境を越えた生産活動が拡大し，それに対する法人税の影響が大きな問題として指摘されるようになってきた。企業の活動が国際化すれば子会社を活用したり，極端なケースでは本社を移転して企業活動を法人税負担の低い国にシフトすることもある。個人の投資（出資）行動においても法人税課税後の受取配当が高い，つまり法人税率の低い国への投資が促進される可能性もある。また，配当所得に対する法人税と個人所得税の調整の有無や程度によっても，国際的な投資行動は影響を受ける。

この他，法人所得税における海外で発生した所得や海外子会社の取扱いなど，法人税の枠組みや所得の算定方法における国ごとの違いも，企業と個人の国際的な投資活動に影響を及ぼすものと考えられる。法人所得税のシステムが全世界的に統一されたものであり，どこで発生した法人所得も同じ取扱いで負担が求められるのであれば法人税による国際的な経済活動への影響は生じない。しかし実際には，各国はそれぞれの主権の範囲内で税制を構築しており，国際的な経済活動に影響を及ぼす。とりわけ，ある国の企業が別の２ヵ国間でどちらに投資をするかという決定においてはその影響は大きい。

12.2　日本の法人税

● 法人数の状況

日本には，一般の営利企業である法人企業の他に協同組合，公益法人（財団や社団），学校法人，宗教法人，そして地方公共団体等の公共法人などさまざまな種類の法人がある。これらの法人が一定の事業を行って収益を得る場合には法人税の課税対象となるが，法人税の中心は株式を発行して資本金を調達し，利潤獲得を目指す法人企業（会社）である。

表12-１はこの法人数の推移を示したものである。法人数はわずかずつ増加し，2018年度には273万社である。ただし，法人が全て黒字経営（利益計上法人）であるわけではなく，毎年60％以上の法人が赤字（欠損法人）である。

表12－1　法人数の推移

区　　分	法人数（社）	利益計上法人（社）	欠損法人（社）	欠損法人の割合（%）
2006年度分	2,586,584	871,241	1,715,343	66.3
内　連結法人	590	275	315	53.4
2007	2,588,084	852,627	1,735,457	67.1
内　連結法人	685	308	377	55.0
2008	2,597,108	740,533	1,856,575	71.5
内　連結法人	748	258	490	65.5
2009	2,610,709	710,552	1,900,157	72.8
内　連結法人	820	266	554	67.6
2010	2,580,354	702,553	1,877,801	72.8
内　連結法人	890	289	601	67.5
2011	2,570,490	711,478	1,859,012	72.3
内　連結法人	1,086	388	698	64.3
2012	2,525,984	749,731	1,776,253	70.3
内　連結法人	1,243	626	617	49.6
2013	2,585,732	823,136	1,762,596	68.2
内　連結法人	1,392	803	589	42.3
2014	2,605,774	876,402	1,729,372	66.4
内　連結法人	1,493	887	606	40.6
2015	2,630,436	939,577	1,690,859	64.3
内　連結法人	1,584	966	618	39.0
2016	2,660,125	970,698	1,689,427	63.5
内　連結法人	1,645	1,042	603	36.7
2017	2,693,956	1,006,857	1,687,099	62.6
内　連結法人	1,726	1,150	576	33.4
2018	2,725,293	1,032,670	1,692,623	62.1
内　連結法人	1,751	1,144	607	34.7

資料）国税庁『平成30年度分　会社標本調査結果』。

続く**表12－2**は2018年度の法人企業を資本金階級別に見たものである。資本金が1億円以上の法人企業は1万8,717社，連結法人が1,751社で，合わせて全体の0.7%にすぎない。近年，法人設立の要件が緩和されたこと

表12－2　資本金階級別法人数（2018年度）

資本金階級	法人数（社）	比率（%）
1,000万円未満	2,355,590	86.4
1,000万円以上　1億円未満	349,235	12.8
1億円以上　10億円未満	13,860	0.5
10億円以上	4,857	0.2
連結法人	1,751	0.1
合　計	2,725,293	100.0

資料）国税庁『平成30年度分　会社標本調査結果』。

もあり，全体の法人数が増加する中で大規模法人は数も割合も下がってきている。

課税ベースと税率

法人税の課税ベースは事業年度における売上等の収入から仕入原価と人件費等の経費を差し引いた所得金額である。ただし，法人の収入には，本来の事業活動による営業収益だけではなく財務活動など本業以外の収益も合算される。また，企業同士の配当の受取りの取扱いや機械設備の購入代金の減価償却制度，損失が生じた場合の繰越しなど，法人税の課税ベースの算出のためにはさまざまな調整が行われる。

一般に企業会計上の利益は，法人の収益から費用を差し引いたものである。これに対して法人税の対象となる法人所得は，益金から損金を差し引いて求められる。法人税の益金は，会計上の収益を基本として，それに加算ないしは控除することで求められる。また同様に，損金は会計上の費用を基本として，加算ないしは控除することで算出される。

会計上は収益とは見なされないが税法上の益金として法人税の課税所得

図12－2　法人税率の推移

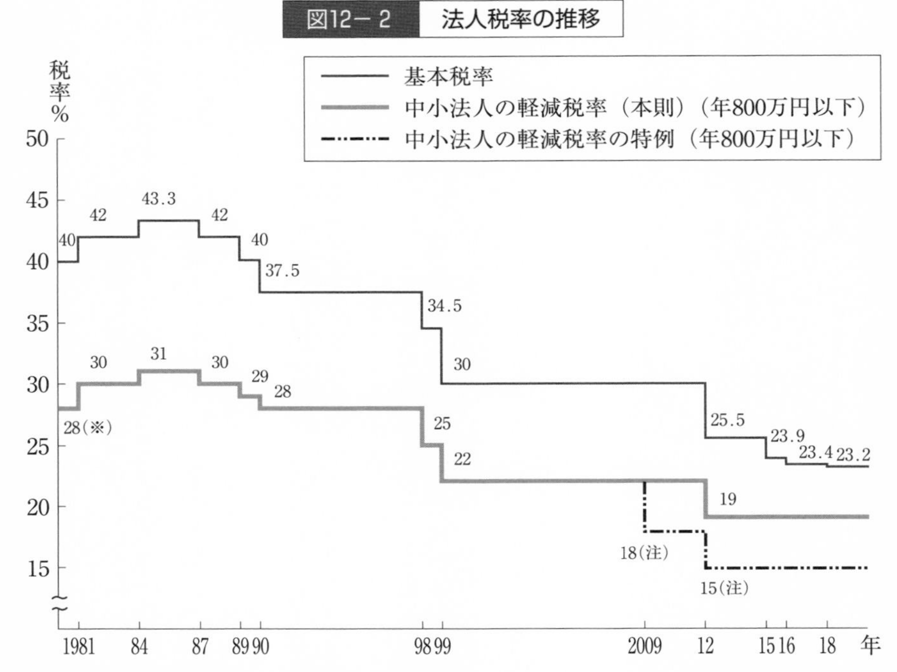

（注）　中小法人の軽減税率の特例（年800万円以下）について，2009年４月１日から2012年３月31日の間に終了する各事業年度は18％，2012年４月１日前に開始し，かつ，同日以後に終了する事業年度については経過措置として18％，2012年４月１日から2021年３月31日の間に開始する各事業年度は15％。

（※）　1981年３月31日の間に終了する事業年度については年700万円以下の所得に適用。

出所）財務省「わが国の税制の概要　法人税など（法人課税）　法人課税に関する基本的な資料」。

に加えられる益金算入額には，無償での資産の譲渡などがある。また，会計上は費用に計上されても法人税の課税所得算出では損金に含められない損金不算入額も法人所得を拡大させる結果となる。これには，資本金が１億円を超える法人の交際費などがある。

一方，法人税の課税所得を縮小させるのは，会計上は収益と見なされるが税法上の益金には加えられない益金不算入額で，受取配当等がこれに当たる。そして，会計上は費用に計上されないが，法人税の課税所得の算出においては損金に加えられるものが損金算入額で，国庫補助金等で取得した固定資産等の圧縮額などがある。

図12－2は，1980年以降の法人税率の推移を示したものである。近年，国際的には法人税率の引下げが潮流となっており，日本でも99年以降30％，2012年以降は25.5％，そして2018年には23.2％にまで引き下げられている。日本では，法人の経済活動に対して国の法人税とともに，第13章で述べられるような都道府県および市町村によって地方税も課されている。

● 実効税率の引下げ

今日の法人の活動は国境を越えて行われ，企業活動に対する投資行動も一国内にはとどまらない。そこで，法人に対する課税について国際的な比較が行われる。法人所得に対してどれだけの税率で課税されているかを比較する最も簡単なもの差しは，各国の税法で定められている税率である。

日本の法人企業に対しては，国税の法人税に加えて法人税を課税ベースとする都道府県および市町村の法人税割住民税と，都道府県の事業税が課税され，このうち事業税は法人税算出の際に経費として損金算入される。そのため，税法で規定された税率の単純合計では，法人の税負担の状況を正確につかむことができない。そこで，法人所得に対して全ての税負担がどれだけの割合を占めることになるのかを示す，法人実効税率という概念が用いられている。

財務省が示している日本の法人の実効税率は次の式で算出される。

$$\frac{\text{法人税率}+(\text{法人税率}\times\text{法人税割住民税率})+\text{事業税率}}{1+\text{事業税率}}$$

地方による課税を考慮して求めた各国の法人所得課税の実効税率は，**図12－3**に示すとおりである。アメリカ，ドイツ，カナダは連邦法人税と州

図12－3　法人実効税率の国際比較（2020年1月現在）

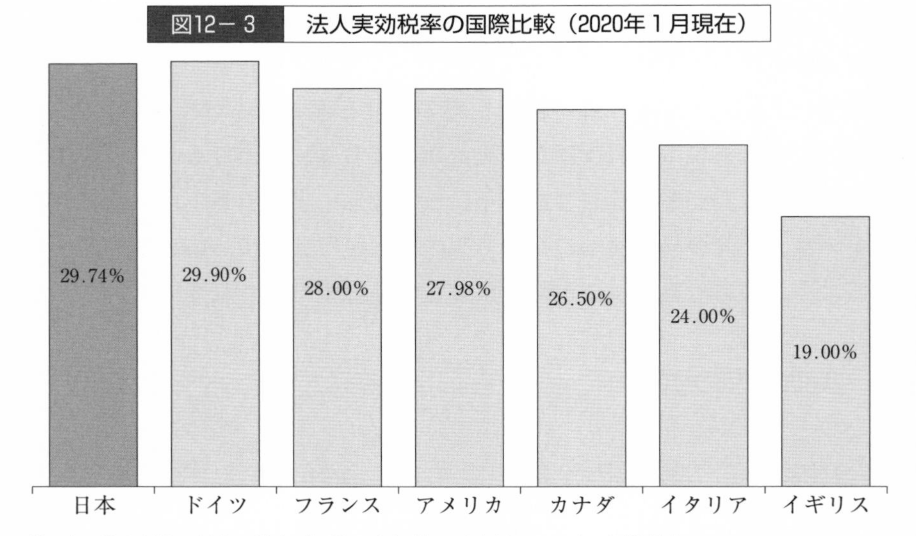

（注1）法人所得に対する税率（国税・地方税）。地方税は，日本は標準税率，アメリカはカリフォルニア州，ドイツは全国平均，カナダはオンタリオ州。
なお，法人所得に対する税負担の一部が損金算入される場合は，その調整後の税率を表示。

（注2）日本においては，2015年度・2016年度において，成長志向の法人税改革を実施し，税率を段階的に引き下げ，37.00%（改革前）→32.11%（2015年度），29.97%（2016・2017年度）→29.74%（2018年度～）となっている。

（注3）フランスにおいては，2018年から税率を段階的に引き下げ，2022年には25%となる予定。イギリスにおいては，2020年4月から17%に引下げ。

（出典）各国政府資料等。

出所）財務省「わが国の税制の概要　国際比較　法人税など（法人課税）に関する資料」（https://www.mof.go.jp/tax_policy/summary/itn_comparison/j03.htm）。

税（地方税）の合計，フランス，イギリス，イタリアは国の法人税のみである。

日本は，国税の法人税，および地方税である法人住民税，事業税を考慮した2020年現在の実効税率が29.74%である。日本では，1990年代まで約50%の水準であったものが，2000年代に入ってから順次法人の税負担の引下げが実施された結果，実効税率は大きく低下してきた。

法人の税負担に関しては，日本企業の海外進出が拡大し，日本企業と外国の企業が競争関係にあることも多く，先進諸国やアジア諸国の実効税率と比較して日本の水準が高いことが，経済団体などから指摘されてきた。日本企業の国際的な競争力の確保もしくは向上や国内経済の活性化のために法人の負担を引き下げることが必要という主張であるが，企業活動や資本移動のグローバル化の流れの中で，海外でも法人の税負担の引下げが進んでいたことも背景となり，現在では欧米諸国と近い水準になっている。ただし，近年も海外の法人税は依然として引下げの傾向にあるほか，極端に法人の税負担を軽減する，いわゆるタックスヘイブン（租税回避地）と呼ばれる国や地域も存在し，国際競争を念頭に置いた法人税のあり方は今後も大きな課題である。

配当所得に関する負担調整

法人所得は，配当として個人や法人の株主に配分される。本章の最初に述べたように法人擬制説のもとでは，法人段階で課される法人税は個人に配分される配当に対する所得税の前払いであり，二重課税に関する調整が必要になる。また個人に渡る前の法人間での配当のやり取りにおいて支払い側で課税されているのであれば，受取側での課税は法人税の二重課税となる。

法人が分配する配当の受取りについて，日本では，個人所得税において配当税額控除が適用されている（総合課税の場合のみ）。海外を見ると，アメリカはもともと調整措置が講じられていない。また，ドイツやイギリス等で実施されてきた調整制度（インピュテーション方式）の廃止が進み，法人税と所得税に関する二重課税の調整は縮小してきている。

他方，法人間の所得（配当）のやり取りは，近年の企業活動のグローバル化とともに複雑化してきている。日本では，2009年度から海外子会社からの配当について益金不算入となった。国内法人からの配当については，法人の株式保有割合に応じて益金不算入割合が定められている。完全子会社（株式100％保有）は受取配当の100％益金不算入，以下保有割合に応じて，2015年度から50％や20％に引き下げられている。このような法人の受取配当の益金不算入割合の縮小は，法人税率の引下げにともなう課税ベースの拡大を目的としたものである。

EXERCISE

Q　法人実在説，法人擬制説という考え方が配当所得への課税方法を含めた現実の法人税制の構築にもつ意味を述べなさい。

Key Word：法人実在説，法人擬制説，法人税の転嫁，配当軽課

COFFEE BREAK

●フィスカル・ポリシーと成長戦略

財政の機能としての経済安定策は，政府支出と税制を通じて実施されてきました。

日本では1990年頃のバブル崩壊後の長期不況に直面して，減税と公共事業の拡大が繰り返し実施されてきました。国際的な比較を行うと，日本では従来公共事業の拡大の比重が大きいという特徴がありました。

これには，もともと GDP に占める公共投資の割合が高かったことと，「均衡ある国土発展」というかけ声のもとで，地方圏では経済が公共事業に依存する傾向があったという背景があります。

特に1990年代後半から経済安定策は国債発行の急激な増加に結びつきました。

財政を活用した景気対策は，景気悪化のときには財政赤字を引き起こしますが，好況期には黒字を出すことで長期的には財政収支のバランスを取ることが求められます。

しかし，実際には好況期に税収が拡大する時には減税が行われ，財政上の黒字の確保は実現されていません。

2000年代に入ってから，公共投資依存型の景気対策は縮小されています。その代わりに重視されているのが，規制緩和や税制を活用した成長政策（戦略）です。これは短期的な需要の拡大ではなく，中長期の経済成長を目指すものです。さまざまな効果について，これまでよりも深い検討が必要になります。

第13章

地方税制

地方税は，地方団体の財政運営に必要不可欠な自主財源である。地方税の制度はどのようになっていて，どのような税目があるだろうか。また，地方団体はどんな税からいくらの収入を得ているのだろうか。本章は，地方税の制度，望ましい地方税の考え方，そして主な地方税の仕組みについて説明する。

13.1　地方税の制度と税収構造

地方税制度

地方税は，都道府県の歳入の40.9%，市町村の歳入の33.6%，両者の純計で40.2%を占めており（2018年度決算額），地方財源のうちでもっとも大きな割合である。

地方税は，地方団体が課税主体となる税である。地方税法は，「地方団体は，この法律の定めるところによって，地方税を賦課徴収することができる。」（地方税法第２条）として，地方団体に課税権を認めている。地方団体の課税権の根拠には，２つの考え方がある。第一は，地方団体には固有の権限として課税権があるという考え方であり，これは固有説と呼ばれる。第二は，地方団体にはそもそも課税権はないが，国が課税権を与えることで地方団体は課税権を得るという考え方であり，伝来説と呼ばれる。日本の地方税制度は，伝来説である。

地方税法は地方団体の課税権の法的根拠であるが，地方団体は地方税法のみを根拠として地方税の賦課徴収ができるわけではない。実際に地方団体が地方税を賦課徴収するためには，条例を定めることが必要となる。地方税法は「地方団体は，その地方税の税目，課税客体，課税標準，税率その他賦課徴収について定をするには，当該地方団体の条例によらなければならない。」（地方税法第３条）と定めており，これは，租税法律主義になぞらえて，地方税条例主義と呼ばれている。

地方税法は，地方団体に課税権を認めるだけでなく，地方団体が利用できる税目について，課税客体，課税標準，税率，納税義務者，徴収の方法なども具体的に定めている。これらの定めは，住民ではなく，地方団体の課税権に制限を設けることに目的がある。この意味で，地方税法は，地方団体の課税権を枠にはめるもの（枠法）とされている。

枠法の趣旨を地方団体の側から理解すれば，地方団体は国が設けた地方税法の範囲内で条例を定め，そしてこの範囲内で課税権を行使するという意味になる。つまり，自主財源と確保するためだとしても，地方税法の趣旨を超えた課税（条例による地方税法の上書き）は認められていない。

● 地方税の税目

表13－１に現在（2021年度）の地方税を示している。地方税は道府県税と市町村税からなる。道府県が課税主体となる税が道府県税，市町村が課税主体となる税が市町村税である。税収は課税主体の収入となる。地方団体は，課税主体としてこれらの税を課すことで税収を得て，それを自主財

表13－1　地方税の税目

				普通税	目的税
法定税	標準税率	制限税率なし	道府県税	道府県民税（個人均等割，所得割，法人均等割） 不動産取得税 固定資産税（特例分）	
			市町村税	市町村民税（個人均等割，所得割） 固定資産税	入湯税
		制限税率あり	道府県税	道府県民税（法人税割） 事業税 ゴルフ場利用税 自動車税（種別割）	
			市町村税	市町村民税（法人均等割，法人税割） 軽自動車税（種類別） 鉱産税	
	一定税率		道府県税	道府県民税（利子割，配当割，株式等譲渡所得割） 地方消費税 道府県たばこ税 軽油引取税 自動車税（環境性能割） 鉱区税	狩猟税
			市町村税	軽自動車税（環境性能割） 市町村たばこ税	事業所税
法定任意税	制限税率		市町村税		都市計画税
	任意税率	制限税率なし	道府県税		水利地益税
			市町村税		水利地益税 共同施設税 宅地開発税
法定外税			道府県税 市町村税	法定外普通税	法定外目的税

注）特別土地保有税と国民健康保険税は表に含めていない。
出所）総務省資料などにより筆者作成。

源として利用して行政サービスを提供する。

しかし，課税主体となる地方団体は必ずしもその全額を自らのために利用できるわけではない。道府県民税の利子割・配当割・株式等譲渡所得割，地方消費税，ゴルフ場利用税は，賦課徴収の事務手続きや制度設計上の理由などから道府県税とされているが，その一部は市町村に交付することになっている。また，課税主体には特例もあり，たとえば固定資産税では，一部の償却資産について道府県にも課税権を与えていたり（大規模償却資産の特例），特別区内の固定資産税を都税としている。

その他にも，表13－1には示されていないが，地方譲与税は国から地方団体に譲与される税であり，譲与財源となる税は課税主体が国であることから国税であるが，地方団体にとっては重要な財源である。

地方税法は，地方税を普通税と目的税に分けている。普通税は，一般財源となる税であり，地方団体は税収の多くを普通税によって確保している。道府県普通税の中で道府県民税，事業税，地方消費税，市町村普通税の中で市町村民税，固定資産税は，税収規模が大きく，基幹税と呼ばれている。

目的税は，税収の使途を特定の分野に限定した税であり，特定財源確保のための税である。目的税を明確に定めていることは地方税制度の特徴である。狩猟税は鳥獣の保護や狩猟に関する行政の実施に要する費用（地方税法第700条の51），入湯税は環境衛生施設，鉱泉源の保護管理施設，消防施設その他消防活動に必要な施設の整備，観光の振興（観光施設の整備を含む）に要する費用（地方税法第701条），事業所税は都市環境の整備と改善に関する事業に要する費用（地方税法第701条の30），都市計画税は都市計画法に基づいて行う都市計画事業や土地区画整理法に基づいて行う土地区画整理事業に要する費用（地方税法第702条）を使途としている。いずれの目的税も課税対象と税収使途の間に密接な関係があり，特定の財源のために特定の対象に対して費用負担を求めるという受益者負担的な考え方が課税の根拠にある。

地方税法は，地方団体が課する税について，「課するものとする」，または「課することができる」として定めている。前者は法定税，後者は法定任意税と呼ばれている。法定税は，全ての地方団体に対して課税を求める税であり，全ての地方団体に収入をもたらすことが想定されている。地方税制度は地方団体の税収確保の中心的な役割を法定税に置いており，したがって，法定税の多くは普通税である。とりわけ基幹税は全て法定普通税である。一方，全ての地方団体に収入をもたらすことが期待できない税は，法定税ではなく，法定任意税とされている。法定任意税は，地方団体の判断で課税するか否かを決めることができる。法定任意税には，都市計画税，水利地益税，共同施設税，宅地開発税がある。全ての都道府県や市町村に課税の必要性や税源があるわけではないが，しかし地域によっては必要とされることがあり，そうかといって法定外税とするほど稀なわけでもないので，法定しておくが任意とする，というイメージである。地域に応じた特別の財政需要に馴染みやすいという性格から，特定財源に利用しやすく，法定任意税は全て目的税である（ただし，全ての目的税が法定任意税というわけではない）。

法定税，法定任意税の他に，地方税法は「別に税目を起こして」普通税や目的税を課すことを地方団体に認めている。これらは，法定外税（法定税普通税と法定外目的税）と呼ばれる。法定外税では，全ての地方団体に税収をもたらすことは期待されていない。地方団体が課税の是非を判断できることは法定任意税と同じであるが，地方税法が法定していない税を新たに創設する点で法定税とは異なる。2020年４月現在における法定外税の実施状況は，道府県法定外普通税が13団体，市町村法定外普通税が７団体，道府県法定外目的税が31団体，市町村法定外目的税が14団体である。

地方税法の税率には，４種類ある。そのうちでメインは，標準税率であり，これは「地方団体が課税する場合に通常よるべき税率でその財政上その他の必要があると認める場合においては，これによることを要しない税率」（地方税法第１条第１項第５号）として定義されている。つまり，これ以外の税率を用いてはいけないわけではないが，通常の場合にはこれを使うことが望ましいとされる税率であり，標準的な財政需要を賄うための標準的な税率という趣旨である。標準的な行政サービスの経費を賄うために利用する税率ということから，標準税率は地方交付税の算定にも用いられる。このような趣旨のゆえに標準税率は，特定の事業のための経費を特定の財源で賄おうとする目的税とは馴染みにくい。したがって，標準税率を用いる目的税は少なく，ほとんどは法定普通税で用いられている。第二の税率は，一定税率である。一定税率は，これ以外の税率を適用できない場合の税率であり，課税技術上あるいは租税政策上の理由などから全ての地方団体に対して同じ税率を採用させたい場合に用いている。標準税率と一定税率は，法定税で用いられている。第三の税率は，任意税率と呼ばれ，これは地方税法で税率の定めがない場合である。標準税率や一定税率のような形で全国一律に税率を示すことが適当ではない場合に任意税率となり，税率の設定は地方団体の裁量に任されることになる。任意税率は法定任意税と法定外税で用いられており，標準税率や一定税率とは逆に，目的税でより多く用いられている。第四の税率は，制限税率である。制限税率は，地方団体が用いる税率に上限として設ける税率であり，標準税率とセットで設けられることが多い。この場合，標準税率を上回る税率での課税（超過課税）に上限を設けることが制限税率の役割になる。現在の地方税制は，地方分権の推進という趣旨から地方団体の課税自主権を尊重する見解であり，制限税率はできるだけ設けるべきではないと考えている。標準税率とセットで制限税率を設けている税には，法人住民税（道府県民税均等割を除く）や事業税などがある。都市計画税（法定任意税）は，例外的に，標準税率の定めがなくて，制限税率のみである。

地方税収の構造

図13－1には，道府県税と市町村税の税額と構成を示している。道府県

図13－1　地方税の税額と構成割合（2018年度決算額，単位：兆円（%））

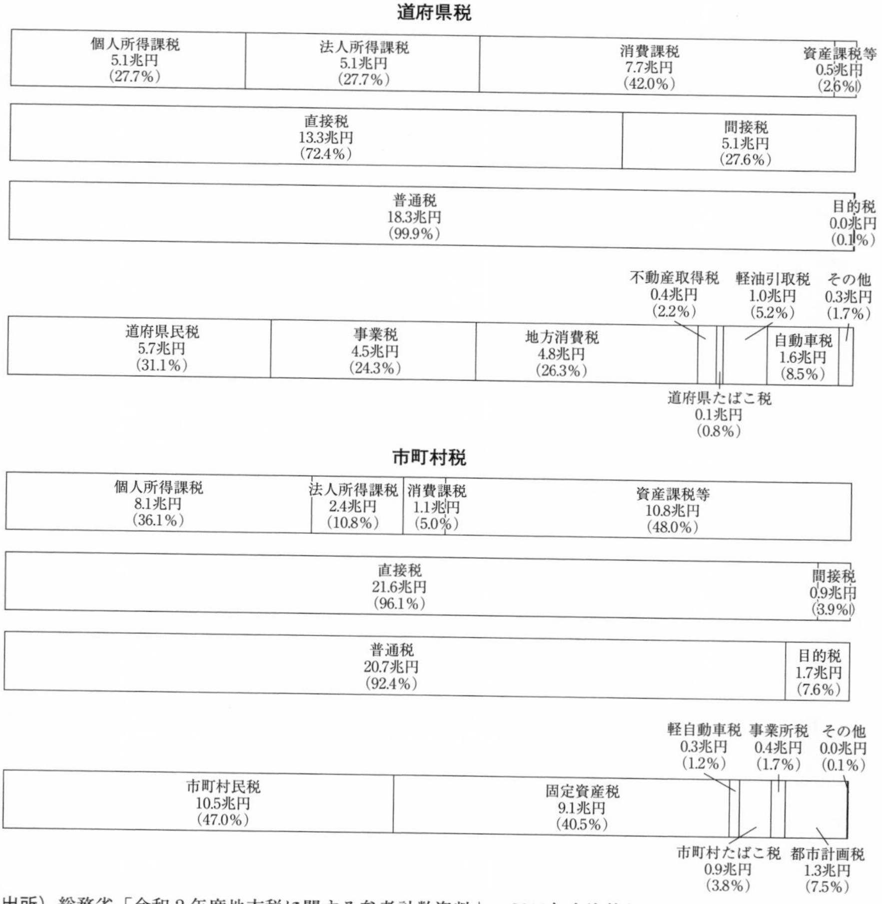

道府県税

個人所得課税 5.1兆円（27.7%）｜法人所得課税 5.1兆円（27.7%）｜消費課税 7.7兆円（42.0%）｜資産課税等 0.5兆円（2.6%）

直接税 13.3兆円（72.4%）｜間接税 5.1兆円（27.6%）

普通税 18.3兆円（99.9%）｜目的税 0.0兆円（0.1%）

道府県民税 5.7兆円（31.1%）｜事業税 4.5兆円（24.3%）｜地方消費税 4.8兆円（26.3%）｜不動産取得税 0.4兆円（2.2%）｜道府県たばこ税 0.1兆円（0.8%）｜軽油引取税 1.0兆円（5.2%）｜自動車税 1.6兆円（8.5%）｜その他 0.3兆円（1.7%）

市町村税

個人所得課税 8.1兆円（36.1%）｜法人所得課税 2.4兆円（10.8%）｜消費課税 1.1兆円（5.0%）｜資産課税等 10.8兆円（48.0%）

直接税 21.6兆円（96.1%）｜間接税 0.9兆円（3.9%）

普通税 20.7兆円（92.4%）｜目的税 1.7兆円（7.6%）

市町村民税 10.5兆円（47.0%）｜固定資産税 9.1兆円（40.5%）｜軽自動車税 0.3兆円（1.2%）｜市町村たばこ税 0.9兆円（3.8%）｜事業所税 0.4兆円（1.7%）｜都市計画税 1.3兆円（7.5%）｜その他 0.0兆円（0.1%）

出所）総務省「令和２年度地方税に関する参考計数資料」の2018年度決算額より作成。

税収は，いずれも普通税である基幹税（道府県民税，事業税，地方消費税）から約８割の収入を確保している。道府県税の目的税には狩猟税と法定外目的税があるが，その税収規模は極めて小さい。直接税と間接税の区分では直接税の方が多いが，地方消費税があるために，市町村税に比べると間接税の割合が大きい。課税ベースの性質（所得課税，消費課税，資産課税）でみても，消費課税の割合が比較的大きいが，これも地方消費税が要因である。

市町村税では，これもいずれも普通税である基幹税（市町村民税，固定資産税）から９割弱の収入を確保している。普通税と目的税の区分では，普通税中心であることに変わりはないが，都市計画税があることから，道府県税に比べて目的税の割合が大きい。市町村税の間接税には市町村たばこ税と入湯税があるが，地方消費税のような規模の大きな間接税はなく，間接税の割合は小さい。課税ベースの性質別では，固定資産税があることから，資産課税の割合が大きい。

13.2　地方税原則

● 望ましい地方税のあり方

表13－２は，望ましい地方税の要件を示しており，これは地方税原則と呼ばれている。望ましい税制のあり方についての原則論には租税原則や租税負担配分原則があり，これらの原則は国税・地方税を問わず，全ての税に適用されるべきとされている。それに対して地方税原則は，地方税には国税とは異なる側面があるとして，地方税に特有の性格を踏まえた望ましい条件を追加的にまとめたものである。

表13－2　地方税原則

観　点	原　則	内　　容
財源確保	十分・普遍性	すべての地方団体に十分な収入をもたらす
	安定性	年度間で税収が安定している
	伸張性	経済の成長に伴って，税収が自然に増加する
課税自主権	伸縮性	地方団体の意思で収入を増減できる
税負担配分	負担分任性	広く地域住民が行政経費を分任する
	応益性	受益に応じて税を負担する

出所）地方財務協会編（2008年）『地方税の現状とその運営の実態』などにより作成。

十分・普遍性，安定性，伸張性

十分・普遍性の原則，安定性の原則，伸張性の原則は，地方団体の健全な財政運営に必要な財源を確保するという見地から望ましい地方税の要件を述べている。十分・普遍性の原則は，全ての地方団体に十分な収入を与えることができるような税目が地方税にはふさわしいとする要件である。税収が普遍的であることは，税源が偏在していないことと言い換えられることもある。安定性の原則は，税収の年度間の変動ができるだけ小さいこと，つまり短期的な視点で税収が安定していることを望ましいとする要件である。伸張性の原則は，経済成長に伴って税収が自然増収すること，つまり長期的な視点で税収が増えることを求める要件である。

安定性と伸張性は，短期と長期という視点の相違はあるが，いずれも税収の変化に関して述べる原則である。税収の変化の程度は，次のようにして税収の所得弾力性で測ることができる。

税収の所得弾力性＝税収の変化率÷ GDP の変化率

安定性の尺度としては短期的な税収の所得弾力性，伸張性の尺度としては長期的な税収の所得弾力性というようにして，使い分けて用いられる。安定性と伸張性の判断の基準は，いずれも1を基準にして，短期的な税収の所得弾力性が1よりも大きいときに安定性に欠け（不安定），1よりも小さいときに安定的であるとし，長期的な税収の所得弾力性が1よりも大きいときに伸張性があり，1よりも小さいときに伸張性がないとされる。

最近の地方税改革では，税収の伸張性にはほとんど関心がないが，「税源の偏在性が少なく，税収の安定的な地方税体系」の構築が課題である。地方消費税と固定資産税は安定的で税源偏在が少なく，逆に，地方法人二税は偏在的で不安定という傾向が知られている。

伸 縮 性

伸縮性の原則は，地方団体が自らの裁量で税収を伸縮（増減）できることを望ましいとしている。これが地方税原則に含まれるのは，地方税法が枠法であることに理由がある。地方団体の課税権の由来は伝来説であるが，ここでは，地方自治の観点から地方団体の課税自主権として地方団体にある程度の裁量を認めるのが望ましいとしている。

地方税法が認める地方団体の課税自主権の行使には，標準税率と異なる税率の採用や法定外税の活用などがある。標準税率と異なる税率の採用は，超過課税が一般的であるが，近年では標準税率よりも低い税率を採用する例もある。法定外税では，最近は，宿泊税など観光関係の新税の創設が流行っている。

負担分任性，応益性

負担分任性と応益性は，いずれも地域住民に対する税負担の求め方に関する要件である。

負担分任の原則は，広く住民に税の負担を分任させるのが望ましいとする考え方であり，国税にはない，地方税に特有の考え方である。狭義には均等な負担を意味し，広義には均等ではなくともできるだけ多くの住民が負担することとして理解されている。負担分任の考え方の由来には，地方税を地方自治に参加するための会費として理解する考え方がある。この意味で地方税には会費的な性格があるといわれている。住民税の均等割は，狭義の意味での負担分任性を踏まえたものである。

応益性は，租税負担配分論における応益原則と同様の趣旨である。国税は応能原則，地方税は応益原則に馴染みやすいと理解されており，とりわけ固定資産税や個人住民税所得割はこの趣旨に合致した税とされている。

負担分任性は広く住民に負担させるという考え方であり，応益性は行政サービスから得る受益に応じて負担させるという考え方である。両者は，着眼点が異なるが趣旨として通じるところもあり，結果として，同じようにして比例的な税負担を求めることがある。たとえば，個人住民税所得割は，広義の負担分任性を踏まえると同時に，応益的な観点から比例税率で税負担を求めている。

13.3　主な地方税の仕組みとその考え方

● 個人住民税

道府県民税と市町村民税は，あわせて住民税と呼ばれる。道府県民税には均等割，所得割，法人税割，利子割，配当割，株式等譲渡所得割があり，市町村民税には均等割，所得割，法人税割がある。これらのうちで，個人に対する均等割と所得割は個人住民税，法人に対する均等割と法人税割は法人住民税と呼ばれている。国税は所得税と法人税というように個人所得課税と法人所得課税の税目を分けているが，地方税では，住民税としてひとつの税目に個人課税と法人課税を含んでいる。

表13－3は，個人住民税の仕組みをまとめている。個人住民税は，地方税における個人所得課税であり，特に所得割は国税の所得税に対応する。

個人住民税は，個人道府県民税と個人市町村民税からなり，課税主体はそれぞれ都道府県と市町村，納税義務者はそれぞれの住民である。課税客体は人であり，個人住民税は人税として観念されている。

課税標準となる所得の計算では，所得税の仕組みを利用して，所得税の申告で確定した所得金額を基にしてそこに個人住民税のための調整を加えることで所得割の課税所得金額を計算する。このような計算方法によっているがために所得割は前年中の所得金額を課税所得としており，これは前

表13－3　個人住民税の仕組み

課税主体	賦課期日（1月1日）現在の住所地の都道府県・市町村
納税義務者（数）	都道府県・市町村内に住所を有する個人 均等割（6,352万人）・所得割（5,895万人）【参考】所得税（5,468万人）
課税方式	賦課課税方式（市町村が税額を確定）
課税客体	人
課税標準	所得割：前年中の所得金額（いわゆる前年課税）
標準税率（制限税率なし）	均等割：都道府県1,500円，市町村3,500円 所得割：都道府県４％，市町村６％（ただし，指定都市は，都道府県２％，市８％）
所得控除	寄附金控除を除いて，所得税と同種の控除（14種） 人的控除は所得税よりも低額，その他の控除は所得税と同額
税額控除	二重負担の調整，税源移譲に伴う調整などの趣旨 所得税とは異なる控除が多数ある（たとえば，寄附金税額控除（ふるさと納税））

注）納税義務者数は「令和元年度市町村税課税状況等の調」による。
出所）総務省「個人住民税の概要」などにより作成。

年課税と呼ばれる。これらの計算は，納税義務者自身ではなく，市町村が行うことになっており，課税方式は賦課課税方式である。

標準税率で税率を定めているが，制限税率はない。均等割の税率は，負担分任の考え方に基づいて税収の確保よりも広く住民に負担させることを重視して低めに設定されており，都道府県分が1,500円，市町村分が3,500円である。所得割の税率は，応益負担の考え方を明確化するものとして比例税率で設定されており，都道府県分が４％，市町村分が６％である。個人住民税は，均等割には収入を期待しておらず，もっぱら所得割を収入の主体として想定している。

所得割でも，寄附金控除を除いて，所得税と同種の所得控除を行っている。ただし，所得税は応能負担に基づくが，所得割は応益負担に基づくことから，人的控除の控除額は所得割の方が低く設定されている。雑損控除や社会保険料控除などのその他の控除は所得税と同額である。

均等割が負担分任原則，所得割が応益負担原則，所得税が応能負担原則に基づくことの帰結として，納税義務者数は，均等割がもっとも多く，所得税がもっとも少ない。逆に，課税最低限は，所得税が所得割よりも大きい。

所得割には，所得税と同様に，税額控除もある。税額控除は，所得控除に比べて，所得税とは異なるものが多い。たとえば，寄附金控除は，所得税では所得控除であるのに対して，所得割では税額控除で設けられている。これは，ふるさと納税と呼ばれている。

負担分任や応益負担の考え方によって税負担を求めるとはいえ，所得課税であるからには，所得割でも低所得者への配慮が求められる。所得税が課税最低限によって低所得者に配慮するのに対して，所得割は非課税限度額制度によって低所得者に配慮している。

地方法人二税と特別法人事業譲与税

表13－4は，地方法人二税の仕組みをまとめている。法人住民税は，地方税における法人所得課税であり，特に法人税割は国税の法人税に対応する。事業税には，個人事業税と法人事業税がある。法人住民税と法人事業

表13－4　地方法人二税の仕組み

	法人住民税	法人事業税
課税主体	都道府県・市町村	都道府県
納税義務者	都道府県・市町村に事業所等を有する法人	都道府県で事業を行う法人
課税方式	申告納付	申告納付
課税客体	法人	法人が行う事業
課税標準	法人税割：法人税額	資本金１億円超の普通法人（制限税率は標準税率の1.2倍（ただし，所得割は1.7倍）） • 付加価値割1.2％ • 資本割0.5％ • 所得割0.4％から1.0％の３段階 資本金１億円以下の普通法人等（制限税率は標準税率の1.2倍） • 所得割3.5％から7.0％の３段階 電気供給業など（制限税率は標準税率の1.2倍） • 収入割1.0％
標準税率	均等割：都道府県は資本金等に応じて５段階の税率（制限税率なし），市町村は資本金等と従業者数に応じて９区分（制限税率は標準税率の1.2倍） 法人税率：都道府県は1.0％（制限税率2.0％），市町村は6.0％（制限税率8.4％）	
分割基準	法人税割：従業者数	事業の種類ごとに基準を設定 （例）非製造業は，課税標準の１／２を事務所数，残りの１／２を従業者数で分割

出所）総務省「法人住民税の概要」「法人事業税の概要」などにより作成。

税をあわせて地方法人二税と呼んでいる。

法人住民税は，法人道府県民税と法人市町村民税からなり，課税主体はそれぞれ都道府県と市町村，納税義務者はそれぞれの法人である。課税客体は法人であり，法人住民税も，個人住民税と同じく，人税である。一方，法人事業税は，法人が行う事業に着目して税負担を求める趣旨であり，課税客体を事業とする物税として観念されている。物税である法人事業税は，直接税ではあるが税負担の転嫁を想定しており，法人税などの計算で損金算入が認められている。

法人税割は，個人だけではなく企業にもある程度の税負担を求めるのが地方税としては公平であるという応益負担の趣旨から，個人の所得割に対応するものとして課税が始まった。その際，法人税に上乗せするのが簡便でよかろうということから，法人税割の課税標準は，法人所得ではなく，法人税額である。

ただ，法人税額を課税標準とするとはいえ，法人税額をそのまま法人税割の課税標準額とはしていない。国税と地方税の性格の相違を踏まえて，企業政策的な観点から盛り込まれる各種の控除など，地方経済への恩恵がとりわけ大きいとは言えないような政策税制は，その影響が地方税である法人住民税に及ばないように調整して，法人税割の課税標準額としている。

法人事業税の課税標準は，企業の規模などによって所得割，付加価値割，資本割，収入割が組み合わされている。これらのうち，付加価値割，資本割，収入割は外形基準に基づく課税標準であり，特に付加価値割と資本割はまとめて法人事業税の外形標準課税と呼ばれている。外形標準課税は，応益負担の考え方に基づいて赤字企業に対しても地域の費用を分任させようとして，2004年度に導入された。

個人所得課税にはない地方法人課税の特徴として，地方法人二税には分割基準が定められている。分割基準は，本社の所在する地域のみが法人課税からの税収を得るのではなく，各地域における経済活動の実態に応じて

表13－5　特別法人事業税・特別法人事業譲与税の仕組み

特別法人事業税	
納税義務者	法人事業税の納税義務者
課税客体	基準法人所得割額及び基準法人収入割額
課税標準と税率	法人の区分に応じて，５種の標準税率
特別法人事業譲与税	
譲与団体	都道府県
譲与総額	特別法人事業税の全額
譲与基準	人口

出所）総務省「地方譲与税の概要」などにより作成。

税収を地域間に配分するための仕組みである。法人税割は従業者数，法人事業税は事業の種類ごとに基準が設定されている。

税率は，法人住民税も法人事業税も標準税率で定められている。法人道府県民税の均等割を除いて，制限税率が設けられている。法人住民税の法人税割と法人事業税の所得割の税率は，近年の地方法人課税の改革の中で大幅に引き下げられてきた。法人税割の税率引下げは，税収の地域間偏在の是正を目的として，引下げ分を地方法人税（国税）としたうえでこの全額を地方交付税の原資化するために，2014年度と2019年度に実施された。法人事業税の税率は，２つの理由で引き下げられてきた。第一は，外形標準課税の導入に伴うものであり，この適用対象は大企業のみであるが，税負担額を変えずに税負担の方法を変更することを想定して，外形標準課税による負担に相当する分だけ大企業の所得割の税率を引き下げた。これを理由とする税率の引下げは，外形標準課税の導入時である2014年度に加えて，外形標準課税の拡充時の2015年度と2016年度にも実施されている。第二は，法人住民税と同様に，税収の地域間偏在の是正が目的であり，この税率引下げ分は，2008年度からの地方法人特別税・同譲与税による暫定措置を経て，2019年度からは特別法人事業税・同譲与税として，譲与税化されている。

表13－5は，特別法人事業税（国税）と同譲与税の概要をまとめている。特別法人事業譲与税の譲与基準は，この譲与税の目的が税収の地域間偏在の是正であることを踏まえて，人口である。

地方消費税

表13－6は，地方消費税の仕組みをまとめている。地方消費税は，国の消費税と同じく，事業者を納税義務者とする間接税であり，転嫁によって消費者に実質的な税負担が帰着することを想定している。消費税額を課税標準とし，国の消費税と併せて申告納付させることから，納税義務者である事業者は消費税と地方消費税を同時に計算して両税を申告納付できる。実質的な税負担者となる消費者には，地方消費税を含めてあたかもひとつの税として消費税があるかのように受け入れられている。実際上，ひとつの税として運用していながらも，譲与税や交付金の制度ではなく，消費税と地方消費税に税目を分け，都道府県を課税主体としたのは，地方団体の課税自主権を尊重し，地方税として，地方団体の自主財源であることを明確にする趣旨からである。

課税標準額が消費税額であることから，地方消費税は軽減税率や非課税取引を定めていない。地方消費税の税率は78分の22であるが，これを消費税率に換算すると，基本税率で2.2％，軽減税率で1.76％となり，消費税率とあわせて，それぞれ10％と８％となるように設計されている。非課税取引も，国の消費税額を計算する過程ですでに考慮されており，実質的には国の消費税とまったく同じ非課税が適用されることになる。

地方消費税は，消費に着目した税である。したがって，税収も各地域の消費に応じた額が帰属するべきであると考えて，地方消費税には消費に関

表13－6 地方消費税の仕組み

課税主体	都道府県
納税義務者	事業者
課税方式	当分の間，国に消費税と併せて申告納付（本来は都道府県に申告納付）
課税客体	消費
課税標準	消費税額
一定税率	78分の22 （基本税率は，消費税率換算2.2％，国の消費税とあわせて10％） （軽減税率は，消費税率換算1.76％，国の消費税とあわせて８％）
非課税	課税標準が消費税額であることから国の消費税の非課税取引がそのまま反映される
使途	2014年４月以降の税率引上げ（消費税率換算1.2％）分は，社会保障４経費等の社会保障施策に要する経費に充当
清算基準	小売年間販売額（商業統計）とサービス業対個人事業収入額（経済センサス活動調査）の合計額により50％ 人口（国勢調査）により50％
交付基準	清算後税収の２分の１を市町村に交付 人口（国勢調査）と従業者数（経済センサス基礎調査）により１：１で案分 （2014年４月以降の税率引上げ（消費税率1.2％）分は，人口のみで案分）

出所）総務省「地方消費税の概要」などにより作成。

連した指標等によって税額を最終消費地に帰属させるための清算制度が設けられている。税額を清算するという都合から，税率は，一定税率である。

都道府県は，清算後の地方消費税額のうち半分を市町村に交付金として交付する。交付基準は，最終消費地に税額を帰属させるという地方消費税のような趣旨はこの交付金にはないとして，清算基準とは異なる基準が設けられており，人口と従業員数である。

地方消費税が基幹税として特徴的であるのは，普通税であるが社会保障財源化されており，税収の一部について，使途が限定されていることである。具体的には，社会保障4経費（制度として確立された年金，医療及び介護の社会保障並びに少子化に対処するための施策に要する経費）や，社会保障施策（社会福祉，社会保険及び保健衛生に関する施策）に要する経費に充てられる。

固定資産税

表13－7は，固定資産税の仕組みをまとめている。固定資産税は，固定資産の所有に着目して税負担を課す資産保有税であり，物税である。同じく物税である法人事業税と同様に，固定資産税も法人税などの計算で損金算入できることとされている。

固定資産税の課税主体は，市町村であるが，東京23区のエリアのみは東

表13－7　固定資産税の仕組み

課税主体	市町村（ただし，東京23区は東京都。大規模償却資産には都道府県の特例）
納税義務者	固定資産の所有者
課税方式	土地と家屋は賦課課税方式（市町村が税額を確定） 償却資産は申告方式
課税客体	固定資産（土地，家屋，償却資産）
課税標準	価格（適正な時価）
標準税率（制限税率なし）	1.4%
免税点となる課税標準額	土地30万円，家屋20万円，償却資産150万円

出所）総務省「固定資産税の概要」などにより作成。

京都が賦課徴収する。また，大規模償却資産の特例があり，一定規模を超える大規模償却資産から生じる固定資産税は，都道府県の収入になる。大規模償却資産の特例は，地方交付税が不交付になるような団体にまでこれ以上の税収を与える必要はないという考え方から設けられており，税源の効率化を図るものとされている。

課税客体は固定資産である。固定資産は土地，家屋，償却資産であるが，償却資産だけは事業の用に供することができる資産のみが対象である。ただし，自動車税・軽自動車税との二重課税を避けるという趣旨から，自動車税や軽自動車税が課されるものは課税対象から除かれている。納税義務者は，これらの固定資産の所有者である。

課税標準は固定資産の価格であり，これは適正な時価と理解されている。資産保有課税は一般に資産評価制度をともなうことが多いが，固定資産税でも，課税標準となる価格は，固定資産評価基準に従って評定される。土地と家屋は，固定資産評価基準による評価額の算定を含めて，市町村が税額を計算することになっており，賦課課税方式が採用されている。しかし，償却資産は，納税義務者である償却資産の所有者（おおむね事業者）の方が容易に計算できるということから申告方式である。このような課税方式との関係で，土地と家屋には評価の据置き制度が設けられており，評価替えは３年ごとに行われる。

税率は標準税率で定められており，1.4％である。制限税率はない。市町村のうち１割弱が超過課税を実施している。

課税標準額が一定の基準を下回る固定資産に対しては，免税点の制度が設けられている。免税点は，資産保有者に対する配慮ではなく，零細な固定資産に係る課税事務の負担を軽減しようとする趣旨であり，賦課徴収を行う市町村の事務負担に対する配慮として設けられている。固定資産評価の作業があるなど，固定資産税が事務負担の大きな税目であることを踏まえた措置である。したがって，市町村の判断によって免税点を適用しないこともできる。

EXERCISE

Q　税源の偏在性が小さく，税収が安定的であるような地方税の体系を実現するためにはどのような改革が必要だろうか，考えなさい。

Key Word：地方法人二税，地方消費税，固定資産税，東京一極集中

COFFEE BREAK

●東京一極集中と地方創生

最近，田舎暮らしや移住が注目されています。そこまでいかなくても，都会と田舎の二ヵ所に生活の拠点をもつ二地域居住もあります。ワーケーションといって，自然豊かな場所で休暇（バケーション）を楽しみながら働く（ワーク）ことにも関心が高まっています。これらは，国や地方が進める地方創生政策の一環です。

かつて，高度経済成長期の田舎から都市部への人口移動は，3大都市圏への移動でした。当時の人口移動は，都市の過密と地方の過疎というように，過疎・過密の問題として議論されていました。1970年には過疎法が制定されています。第1次オイルショック（1973年）によって3大都市圏への人口移動は収まりますが，1980年代後半には，東京一極集中として現れます。東京一極集中は，バブル経済の崩壊やリーマンショックなどで一時的に抑制された時期もありましたが，現在も続いています。

2010年代以降の東京一極集中の特徴は，日本の総人口が減少する一方で東京圏に人口が集中していることです。地方創生は，日本が人口減少社会を迎える中で，地域社会が持続可能であることを目指しています。そのために，田舎への移住を促すなど，人口の東京一極集中の是正を目標として掲げています。

田舎から都会への人口移動，特に若者の都会への流出の理由には，大学進学があります。皆さんの中にも，大学進学のために，ふるさとを離れた人がいるかと思います。なぜ，地元の大学に進まなかったのでしょうか。自身の経験から地方創生を考えると，地域についてよりリアルなイメージを持つことができるかもしれません。

もっと財政学を学びたい人に

本書を通じて財政学の面白さと同時に難しさも学ぶことができたと思います。財政学は財政問題の非常に幅広い領域を理論や制度，はては歴史といったさまざまな局面からアプローチする学問なのです。以下では本書を読み終えた後，あるいは本書と並行して読むことによって財政学や財政問題への理解の助けとなるような書物を掲げておきます。

財政学全般については，

（1） 井堀利宏『財政学（第4版）』（新世社，サイエンス社（発売），2013）
（2） 橋本恭之『入門財政（第3版）』（税務経理協会，2014）
（3） 持田信樹『財政学』（東京大学出版会，2009）
（4） 橋本 徹，山本栄一，林宜嗣，中井英雄，高林喜久生『基本財政学（第4版）』（有斐閣，2002）
（5） 森田雄一，柳原光芳『財政入門』（中央経済社，2019）
（6） 本間正明，岩本康志著者代表『財政論』（培風館，2019）
（7） マスグレイブ；大阪大学財政研究会訳『財政学：理論・制度・政治1，2，3』（有斐閣，1983-1984）

をお勧めします。

日本財政の現状については，

（8） 『図説日本の財政』（財経詳報社，各年度版）
（9） 内閣府編『経済財政白書』（財務省印刷局，各年版）（https://

www5.cao.go.jp/keizai3/whitepaper.html）

がよいでしょう。さらに日本財政の歴史について興味がある方は

（10）　**財務省財務総合政策研究所『昭和財政史－昭和49～63年度』**（東洋経済新報社，2002-2005）

をはじめとした昭和財政史シリーズを読むとよいでしょう。

●

財政の持つ資源配分機能の代表例である公共財については，

（11）　**林正義・小川光・別所俊一郎『公共経済学』**（有斐閣，2010）

（12）　**柴田弘文，柴田愛子『公共経済学』**（東洋経済新報社，1988）

がよいでしょう。

●

財政の所得再分配機能の１つである社会保障については，

（13）　**一圓光彌・林宏昭編著『社会保障制度改革を考える－財政および生活保護，医療，介護の観点から』**（中央経済社，2014）

（14）　**小塩隆士『社会保障の経済学（第４版）』**（日本評論社，2013）

（15）　**村上雅子『社会保障の経済学（第２版）』**（東洋経済新報社，1999）

があります。

●

財政の３つ目の機能，経済安定化については，古典ですが，

（16）　**J.M. ケインズ；間宮陽介訳『雇用・利子および貨幣の一般理論（上・下）』**（岩波文庫，2008）

を学生時代に一度は目を通しておくのをお勧めします。

●

地方財政については，

（17）　**林　宏昭，橋本恭之『入門地方財政（第３版）』**（中央経済社，2014）

（18）　**総務省編『地方財政白書』**（https://www.soumu.go.jp/menu_

seisaku/hakusyo/index.html)

(19)　**中井英雄・齊藤愼・堀場勇夫・戸谷裕之『新しい地方財政　新版』**(有斐閣，2020)

(20)　**米原淳七郎『地方財政学』**(有斐閣，1977)

を読むとよいでしょう。(17) は本書の姉妹版です。

●

租税全般については，

(21)　**林　宏昭『税と格差社会―いま日本に必要な改革とは』**(日本経済新聞出版社，2011)

(22)　**『図説日本の税制』**(財経詳報社，各年度版)

(23)　**アダム・スミス；水田　洋監訳，杉山忠平訳『国富論 1－4』**(岩波書店，2000-2001)

(24)　**カール S. シャウプ；塩崎　潤監訳『財政学』**(有斐閣，1973-1974)

が参考になります。(23) は (16) と同じく古典中の古典ですが，財政を扱っている部分（第5編）だけでも読んでみてください。

●

所得税については，

(25)　**金子　宏『21世紀を支える税制の論理・第2巻　所得税の理論と課題（2訂版）』**(税務経理協会，2001)

(26)　**藤田　晴『所得税の基礎理論』**(中央経済社，1992)

(27)　**R・グード；塩崎潤訳『個人所得税：「最良の租税」の研究―改訂版』**(今日社，1976)

があり，所得をめぐる課税の問題の難しさについて学んでください。

●

消費税については，

(28)　**宮島　洋『21世紀を支える税制の論理・第6巻　消費課税の理論**

と課題（２訂版）』（税務経理協会，2003）

(29)　カール・S. シャウプ，世界銀行編；下条進一郎訳『間接税で何が起こるか：付加価値税導入の教訓』（日本経済新聞社，1988）

などを手がかりに，今後の消費税制のゆくえについて考えてみてください。

●

法人税については，

(30)　武田昌輔『21世紀を支える税制の論理・第３巻　企業課税の理論と課題）（２訂版）』（税務経理協会，2007）

(31) R. グード；塩崎潤訳『法人税—再版』（今日社，1981）

があります。(31) は (27) と同じ筆者です。(７) などと同じく現在は入手が難しいので，図書館などで探してみてください。

●

その他，財政関連の資料として有用なものに，

(32)　財務省主計局調査課編『財政統計』(https://www.mof.go.jp/budget/reference/statistics/index.htm)

(33)　財務省財務総合政策研究所編『財政金融統計月報』(https://www.mof.go.jp/pri/publication/zaikin_geppo/index.htm)

などがあります。

●

インターネット上で日本財政の情報を集めようと思ったら，

財務省 https://www.mof.go.jp/

総務省 https://www.soumu.go.jp/

などで予算や税，地方財政関連のことをまず調べてください（アドレスはいずれも本書執筆時点のものです）。

索　引

あ行

か行

さ行

た行

な行

は行

ま行

ら行

わ行

〈著者紹介〉

林　　宏昭（はやし　ひろあき）　第1，3，4，8，10，12章

関西大学経済学部教授
1958年　兵庫県生まれ
1981年　関西学院大学経済学部卒
1987年　関西学院大学大学院経済学研究科博士課程後期課程単位取得　博士（経済学）
専門　財政学・地方財政学

主著

- 『租税政策の計量分析—家計間・地域間の負担配分—』（日本評論社，1995）（日税研究特別賞）
- 『これからの地方税システム—分権社会への構造改革指針』（中央経済社，2001）
- 『どう臨む，財政危機下の税制改革』（清文社，2002）
- 『分権社会の地方財政』（中央経済社，2007）
- 『税と格差社会—いま日本に必要な改革とは』（日本経済新聞出版社，2011）
- 『日本の税制と財政』（中央経済社，2019）

玉岡　雅之（たまおか　まさゆき）　第6，7，9，11章

神戸大学大学院経済学研究科教授
1961年　大阪府生まれ
1985年　神戸大学経済学部卒業
1987年　神戸大学大学院経済学研究科博士課程後期課程中退
専門　財政学

主著

- 『マクロ経済学』（小川一夫・得津一郎と共著）（有斐閣，1991）
- 「所得階層別租税負担の計量分析—1989年度税制改革の場合—」（藤川清史・稲田義久と共著），小川一夫・斎藤光雄・二宮正司編『多部門経済モデルの実証研究』所収（創文社，1992）
- The Regressivity of a Value Added Tax: Tax Credit Method and Subtraction Method- A Japanese Case, *Fiscal Studies,* vol.15, no.2, pp.57-73., 1994
- 『課税主義の財政学』（勁草書房，2006）

桑原　美香（くわはら　みか）　　　　　　　　　　　　　　　　　　　　**第2，5章**
福井県立大学経済学部准教授
1974年　山口県生まれ
1998年　愛媛大学法文学部（経済学科）卒業
2003年　広島大学大学院社会科学研究科博士課程後期修了　博士（経済学）広島大学
専門　財政学
主著
- 「公共施設の維持・管理面から見た地方財政制度に関する一考察」日本地方財政学会編『分権型社会の制度設計』所収（勁草書房，2005）
- 「都道府県立文化施設運営の効率性指標」『地方自治研究』，第24巻第1号，pp.50-60，2009。
- “Evaluation of Middle and Long Term Management Efficiency of Public Museums by Network DEA”（春名亮氏・塩津ゆりか氏と共著），Biomedical Soft Computing and Human Sciences, Vol.17, No.1, pp.11-17, 2011.
- 「公立美術館運営とモラルハザード」（塩津ゆりか氏と共著）『経済論集』，愛知大学経済学会（193），pp.25-42，2013。

石田　和之（いしだ　かずゆき）　　　　　　　　　　　　　　　　　　　**第5，13章**
関西大学商学部教授
1970年　大阪府生まれ
1994年　早稲田大学政治経済学部卒業
2001年　早稲田大学大学院商学研究科博士後期課程退学
2014年　博士（商学）早稲田大学
専門　財政学・租税論
主著
- 『地方税の安定性』（2015，成文堂）（日本地方自治研究学会賞）
- 「資産保有課税における課税標準の選択：固定資産税（日本）とレイト（香港）の比較分析の視点」『租税資料館賞受賞論文集第20回』所収（公益財団法人租税資料館，2011）（租税資料館賞）
- 「地方税原則と地方税の体系」『租税研究』公益財団法人日本租税研究協会，850，pp.52-78，2020。
- 「固定資産税の課題とあり方」『税研』公益財団法人日本税務研究センター，36(5)，pp.47-53，2021。

入門 財政学（第3版）

2008年4月30日　第1版第1刷発行
2013年4月20日　第1版第3刷発行
2015年4月1日　第2版第1刷発行
2020年2月25日　第2版第5刷発行
2021年7月20日　第3版第1刷発行

著者　林　宏昭
　　　玉岡雅之
　　　桑原美香
　　　石田和之

発行者　山本　継
発行所　㈱中央経済社
発売元　㈱中央経済グループパブリッシング
〒101-0051　東京都千代田区神田神保町1-31-2
電話　03（3293）3371（編集代表）
　　　03（3293）3381（営業代表）
https://www.chuokeizai.co.jp
印刷／東光整版印刷㈱
製本／㈲井上製本所

＊頁の「欠落」や「順序違い」などがありましたらお取り替えいたしますので発売元までご送付ください。（送料小社負担）

ISBN978-4-502-39531-4　C3033